[redacted]

dtv

Reihe Hanser

[redacted]

Gute Bilderbücher sollten kleinen Kindern etwas zu sagen haben und sie mit unterschiedlichen Illustrationsweisen vertraut machen. Und wenn die Erwachsenen sie ungefähr hundertmal vorlesen und betrachten können, ohne zu gähnen, dann ist das umso besser.
Die Bücher, die hier – geordnet nach Alter ihrer Betrachter – empfohlen werden, bestehen den Belastungstest der Kleinen wie der Großen. Sie regen immer wieder neu an, belustigen, trösten und schenken Spannung. Neben einigen alten Lieblingsbüchern werden hier »moderne Klassiker« der Bilderbuchliteratur vorgestellt, aber vor allem auch viele Titel, die die Eltern von heute noch nicht kennen konnten, als sie selbst klein waren. Alle diese Bilderbücher haben eines gemeinsam: Sie werden von den Kindern geliebt und bieten daher einen wunderbaren Einstieg in ein Leben mit Literatur und Kunst.

Monika Osberghaus arbeitete als Buchhändlerin und studierte später Germanistik und Skandinavistik. Sie übersetzte unter anderem die Geschichten von ›Paddington‹. Seit 1996 ist sie freie Journalistin und Kinderliteraturkritikerin, hauptsächlich für die *Frankfurter Allgemeinen Zeitung*, deren Kinderbuchseiten sie betreut. In der *Reihe Hanser* ist von ihr bereits erschienen: ›Was soll ich denn lesen? 50 beste Kinderbücher‹ (dtv 62151).

Monika Osberghaus

Schau mal!

50 beste Bilderbücher

Deutscher Taschenbuch Verlag

Das gesamte lieferbare Programm der *Reihe Hanser*
und viele andere Informationen finden Sie unter
www.reihehanser.de

Originalausgabe
In neuer Rechtschreibung
September 2006
Deutscher Taschenbuch Verlag GmbH & Co. KG,
München

Umschlagillustration: Peter Schössow
Gesetzt aus der Bembo
Gesamtherstellung: Druckerei Kösel, Krugzell
Gedruckt auf säurefreiem, chlorfrei gebleichtem Papier
Printed in Germany
ISBN-13: 978-3-423-62237-0
ISBN-10: 3-423-62237-7

Für lichte Momente im Tag

Ein Bilderbuch ist eine Lichtung im Tag. Im Idealfall ist das Anschauen eine gemeinsame kleine Auszeit: Man wählt ein Buch aus, sucht sich einen Platz, schlägt das Buch auf – und ist ganz woanders. Danach geht der Alltag weiter, aber Spuren dieser Lichtung finden sich vielleicht im Spiel und in beiläufigen Gesprächen. So kann ein Bilderbuch beides zugleich sein: Pause und Belebung, Bestätigung und neuer Impuls.

Als mein Buch »Was soll ich denn lesen?« mit Empfehlungen für 50 lohnende Leseerlebnisse für Kinder ab acht Jahren erschien, zeigte sich bald, dass viele Erwachsene bei der Auswahl der Bücher für die Kleineren ebenfalls nach einem solchen Leitfaden suchen. Das Angebot in den Buchhandlungen ist unüberschaubar, und nur auf die Bücher zurückzugreifen, die man selbst als Kind liebte, bedeutet, einen wichtigen Teil zu verpassen. Überwiegend solche Bücher zu kaufen, die gerade in großen Stapeln in der Buchhandlung liegen, weil sie vielleicht auf dem Umschlag glitzern oder weil ihre Geschichten gerade als Zeichentrickfilm im Fernsehen laufen, wäre auch ein Verzicht. Bleibt für alle, die nicht selbst große Liebhaber und Kenner der Gattung Bilderbuch sind, das Vertrauen auf Rezensionen – die allerdings nur die allerneuesten Werke beachten – oder auf die Empfehlungen einer guten Buchhändlerin oder Bibliothekarin. Wer eine solche kennt und ihr vertraut, hat dieses Buch nicht nötig. Für alle anderen habe ich hier eine Auswahl von solchen Bilderbüchern zusammengestellt, die eine Lichtung im Tag eröffnen können.

Das hängt auch immer von dem Kind ab, mit dem man diese

Lichtung betritt – von seinem Alter, seinen Erfahrungen, seinen aktuellen Interessen und Spezialitäten. Daher sind meine Beschreibungen der Bilderbücher zunächst nach dem Alter ihrer Betrachter geordnet. Bei der Vorstellung des einzelnen Buches habe ich mich dann vor allem an seinen Wirkungsmöglichkeiten orientiert und an der Frage, was ein Kind wohl gerade umtreiben mag, das auf dieses spezielle Bilderbuch besonders stark reagiert. Daher gibt jede Kapitelüberschrift eine Art Berufs-, Charakter- oder Zustandsbezeichnung des Kindes, für das dieses Buch gut passen könnte. Da Kinder ihre Berufe und Stimmungen häufig wechseln, wird unter den fünfzig Vorschlägen viel mehr als nur ein passendes Buch pro Kind zu finden sein.

Was aber ist ein passendes Bilderbuch? Mir war bei der Auswahl sein Gesamt-Charakter wichtig, also das Zusammenspiel von Bildern und Text, und die Überlegung, was dieses Zusammenspiel bei Kindern auslösen könnte. Welche Fragen stellt dieses Buch, welche Antworten gibt es, welchen Trost und welche Art von Belebung? Welche Imaginationen entstehen durch die Bilder und Worte, und zu welchen Träumen liefern sie die Eingangsszenen? Das waren meine Leitfragen. In der hier vorgestellten Auswahl ist kein Titel, der nur interessante Bilder zeigt oder nur eine wichtige Geschichte erzählt. Es geht um die Kongenialität von Text und Bild, um ihre Verknüpfung und gegenseitige Ergänzung. Daher fielen eine Menge Bücher heraus, die von den Kritikern in den Himmel gelobt wurden, nur weil sie so wunderbar experimentelle und avantgardistische Illustrationstechniken zeigen. Auf der anderen Seite legte ich viele Bücher beiseite, die überwiegend von ihrem Text abhängen. Schweren Herzens habe ich mich dafür entschieden, illustrierte Haus- und Kindermärchen nicht in die Auswahl zu nehmen. Man findet sie auch ohne besonderen Hinweis: Ein Gang in eine gut sortierte Kinderbuchabteilung genügt, und es werden Namen fallen wie Lisbeth Zwerger, Bernadette oder Svend Otto S., allesamt herausragende Märcheninterpreten.

Diejenigen Bücher fortzulassen, die nur wegen eines bestimmten Themas interessant sind, fiel mir dagegen sehr leicht. Ratgeber in Bilderbuchverpackung mögen gelegentlich nützlich sein. In meinen Augen ist es aber besser, ein Kind kennt ein einziges Bilderbuch, das seine Fantasie weit öffnet, als zehn, in denen es auf uninspirierte Weise um Problemchen geht, die seine Eltern eigentlich auch selbst lösen könnten. Kein kleines Kind braucht ein Bilderbuch, um gutes Benehmen zu erlernen; es sind die Eltern, die es brauchen, und die Verlage, die derzeit dieses Bedürfnis nutzen und eine ganze Reihe Benimmbilderbücher herausgeben (um nur eines von vielen Beispielen zu nennen). Man muss zwar nicht gleich mit dem »Struwwelpeter« ankommen, aber unerschrockene Eltern werden merken, dass er entschieden mehr Gedanken, Gespräche, Erkenntnisse und Spiele auslöst, mithin ein ganz anderes imaginatives und kreatives Potenzial hat und damit alltagstauglicher ist als unsere heutigen »Erziehungs-Beihelfer« zwischen Bilderbuchdeckeln.

Natürlich gibt es auch themenbezogene Bilderbücher, die Kindern bei der Bewältigung ernsthafter Sorgen sehr wichtig werden können. Auch hier sei auf die Berater vor Ort in den Bibliotheken und Buchhandlungen verwiesen sowie auf die entsprechenden Broschüren des »Arbeitskreises für Jugendliteratur«.

Dies alles heißt nicht, dass es in den hier vorgestellten Büchern nicht um wichtige Themen ginge. Im Gegenteil: Die Angst zum Beispiel ist für viele Kinder ein zentrales Gefühl, und entsprechend häufig spielt sie in den hier empfohlenen Werken eine Hauptrolle. Ich habe allerdings jene Titel gemieden, deren Hauptzweck in der Vermittlung einer bestimmten Erkenntnis besteht und deren Botschaft man auf einen Kalenderspruch reduzieren könnte.

Dem mit- und vorlesenden Erwachsenen begegnen Bilderbücher auf ähnliche Weise wie Kindermusik: Die muss man x-mal mit anhören, und oft hängt sie einem nach dem fünften Mal schon aus den Ohren raus. Ihre geliebten Bilderbücher schleppen die Kinder ebenfalls wieder und wieder zum Vorlesen an. Sie sind das Prinzip Wiederholung zwischen zwei Buchdeckeln. Ideal sind also solche, die kleinen Kindern etwas zu sagen haben, ihre Augen an künstlerisch anspruchsvolle und auch ungewöhnliche Illustrationsweisen gewöhnen, *und* die der vorlesende Erwachsene fünfzigmal gerne mit betrachtet und liest. Nach solchen Raritäten habe ich ausgeschaut.

Den größeren Kindern habe ich in »Was soll ich denn lesen?« zugetraut, dass sie auch zu älteren Texten Zugang finden. Den kleineren Kindern möchte ich dagegen eher Bücher empfehlen, die ihnen zuverlässig nahe kommen. Daher ist »Schau mal!« kein Parcours durch die Bilderbuchgeschichte. Zwei historische Ausnahmen sind der »Struwwelpeter« und »Max und Moritz«, weil es Bücher mit besonderer Durchschlagskraft sind, die überdies auch heute immer wieder großen Spaß machen. Auch eine altgediente Ausgabe des »kleinen Häwelmannes« gehört zu diesen Ausnahmen. Sonst aber ist dies keine Fundgrube für schöne alte Bilderbücher und auch nur in wenigen Fällen ein nostalgisches Wiedersehen mit den Lieblingsbüchern der derzeitigen Elterngeneration. Für die Kinder von heute, die ihre Bilderbücher *jetzt* in Gebrauch haben, schöpfe ich lieber aus dem großen Angebot der Bilderbuchliteratur der Gegenwart, die ich grob ab den Achtzigerjahren ansiedele. Diese Titel sind auch meist im Buchhandel lieferbar – die wenigen, die leider vergriffen sind, finden sich hoffentlich in der Bibliothek.

Der Verzicht auf viele altbewährte Titel bedeutet aber nicht, dass hier nur die Avantgarde zum Zuge kommt. Vorrang bei der Auswahl hatten diejenigen Werke, die ich »moderne Klassiker« nenne, auch wenn bei uns dieser Begriff für Bilderbücher nicht gebräuchlich ist. Es sind eingängige Bücher mit unkomplizierten Bildern und Texten, ohne deshalb trivial zu sein. Wie Rotraut Susanne Berners Wimmelbilderbücher für die Kleinen, oder der »Grüffelo« und die »Pettersson«-Geschichten für die etwas Größeren. Mit solchen Büchern kann man gut anfangen, das Lesen zu lieben. Danach, gegen Ende meiner Vorstellungsrunde, erlebt man mit anspruchsvolleren Werken umso intensiver, wie bereichernd so eine Lichtung im Tag sein kann.

Alle hier empfohlenen Titel, so unterschiedlich sie im Einzelnen sind, haben eines gemeinsam: An ihnen baumelt kein Zusatzding und sie glitzern an keiner Stelle. Nichts Äußeres an ihnen muss den Käufer überreden, nach ihnen zu greifen, sie brauchen keinen Vorwand für ihr Dasein im Kinderzimmer. Das Zusatzding haben sie alle in sich: Es wird sich in der Fantasie ihrer Betrachter entfalten und bei jedem ein bisschen anders aussehen.

Ein ganz großer Dank geht an meine Lektorin Gabriele Leja, ohne die dieses Buch überhaupt nicht entstanden wäre. Birthe Bröker war immer wieder eine liebevolle Ersatz-Mama für meinen Sohn, so dass ich Zeit zum Schreiben hatte. Thomas Engelhardt hat gelesen, zugehört, ermuntert und rundum mit der ihm eigenen, sehr anregenden Begeisterung an der Entstehung teilgenommen. Und wieder war die Bibliothek des Frankfurter Institutes für Jugendbuchforschung unverzichtbar; Beate Schoone hat mir weit über fünfzig Bilderbücher, viele von ihnen mehrfach, herausgesucht und ausgeliehen. Vielen Dank!

Monika Osberghaus

Für Wieder- und Wiedererkenner

Erste Bilder, erste Wörter von Helmut Spanner

Kinder brauchen Geschichten, aber Babys brauchen keine Bücher. Schaut man sich die Kinderwagen in den Fußgängerzonen und auf den Spielplätzen an, könnte man meinen, ein kleines Buch sei neben Schnuller und Rassel neuerdings das wichtigste Utensil im Leben der Kleinsten. Die Bilderbuchverleger haben schon eine eigene Sparte dafür erfunden: Buggy-Bücher heißen die quadratischen bunten Gebilde aus ein paar festen, plastikbeschichteten Pappseiten, die genau wie der Schnuller mit einem Clip in Greifnähe der Kinderhand befestigt werden können. Ein solches Buch-Spielzeug ist hübsch und schadet nicht; ein erster Zugang zu dem, was »Leben mit Büchern« bedeutet, ist es deswegen aber noch nicht. Der tut sich erst mit Geschichten auf. Deshalb fehlt hier eine Empfehlung für eines der vielen Leporellos oder ersten Pappbilderbücher für die Kleinsten. Als Augenmenschen holen sich Babys ihre Bilder sowieso von überall her. Seine Eltern zu beobachten, wie sie gespannt die Seiten eines Buches umblättern, vermittelt einem kleinen Kind mehr über das Vergnügen des Lesens als jedes stets greifbare bunte Baumelbuch. Selbst erlebt es dieses Vergnügen dann, wenn es die Bilder zu einer Geschichte verknüpfen kann. Das beginnt sehr früh und sehr schlicht: Etwas ist da, dann ist es weg. Dann ist es wieder da. Etwas kommt hinzu. Etwas ist unversehrt, dann geht es kaputt. Mit anderen Worten: Es tut sich was. Es gibt eine Handlung.

Der Name Helmut Spanner ist bestimmt nicht allen (West-) Deutschen etwa ab Jahrgang 1978 ein Begriff, aber seine Bilder waren dennoch in den meisten Fällen prägend für ihren ersten Kontakt mit Büchern. Von ihm stammen eine Menge der kleinen quadratischen Leporellos und Pappbilderbücher mit den ersten Bildern von Tieren und Dingen. Sein Erfolgsrezept ist einfach: schlichte, klar konturierte Figuren in heiteren Farben auf hellem Grund, natürlich wirkende Tiere mit freundlichen Gesichtern, eine Reihung von Alltagsgegenständen mit hohem Wiedererkennungsfaktor. Seit Jahren versuchen etliche Verlage dieses Rezept zu kopieren, aber ohne den gleichen immensen Erfolg. Genau diese Maus und dieser Bär, beide mit dem buschigen, zum Streicheln animierenden Pelz, müssen es anscheinend sein. Zwei von jeder Sorte begleiten den kleinen Betrachter auch durch das »erste beste« Buch dieser Vorschlagssammlung.

»Erste Bilder, erste Wörter« ist ein klassisches Sachen-Bilderbuch, ein weit entfernter Nachfahre des »Orbis Pictus«, wie es im siebzehnten Jahrhundert der Schulmeister Johan Amos Comenius für Schüler konzipierte. Ein »Orbis Pictus« – übersetzt heißt es »Die sichtbare Welt« – bildet in der Regel Gegenstände ab, die in einem sachlichen Zusammenhang miteinander stehen, und es benennt sie auch. Nichts anderes tut Helmut Spanner. Entsprechend dem Gesichts- und Erfahrungshorizont eines Kindes unter zwei Jahren wird vorwiegend das häusliche Umfeld gezeigt: Dinge aus den familiär belebten Zimmern einer Wohnung inklusive dem für Kleinkinder besonders interessanten Keller und dem Garten. Außerhalb des Hauses kennt ein Ein- bis Zweijähriger noch den Spielplatz und den Supermarkt gut, und das war es dann auch schon.

Angenehm harmonisch ist Spanners Aufteilung der großformatigen Doppelseiten. Er lässt genügend Freiraum zwischen den Dingen und bringt dennoch erstaunlich viel unter, immer auch in sinnvollem Zusammenhang. Links oben auf der »Keller«-Seite etwa ist der Schlüsselbund, ein für Kleinkinder hochinteressanter Gegenstand, ohne den tatsächlich niemand in den Keller geht. Was Design und Muster angeht, hält sich Spanner zurück. Meist zeigt er klassische Formen in den Grundfarben oder da, wo es passt, in satten Grün- und Holztönen. Das Kinderzimmer ist naturgemäß turbulenter und bunter bestückt als die anderen Orte; die Farbe Rot leuchtet hier besonders stark hervor.

Dies alles ist klar, sachlich und freundlich gestaltet. Was das Buch aber aus der Menge der Sachen-Bücher heraushebt, ist sein zusätzlicher, behutsamer Einstieg ins Geschichten-Erzählen. Wo haben sich die beiden Mäuse versteckt? Was machen die Bären? Das kann man auf jeder Seite neu fragen. Kleine Missgeschicke sind zu entdecken und auch die ersten Vorher-Nachher-Geschichten. Heiße Sachen sind Kleinkindern aus Warnungen wohlvertraut: Ein abgebranntes Streichholz liegt neben der vollen Streichholzschachtel. Die Form des Bügeleisens hat sich auf dem Geschirrtuch, das auf dem Bügelbrett liegt, hellbraun eingebrannt. Der Gartenschlauch hat Löcher bekommen, durch eines davon wird die Amsel nass gespritzt. Warum? Weil der Igel unter dem Schlauch hindurchgekrochen ist. Es sind die allereinfachsten Geschichten, aber sie sagen etwas Elementares: Wenn man etwas tut, hat das Folgen. Wer handelt, hinterlässt Spuren. Einer der beiden Bären macht mehr Quatsch als der andere, er setzt sich zum Beispiel die Sonnenbrille falsch herum auf. Ob er es auch war, der den Liegestuhl im Garten gebaut hat? So, wie Spanner uns das

Möbel hier zeichnet, müsste die Katze mitsamt der Sitzfläche sofort herunterfallen. Könnten Kleinkinder Leserbriefe schreiben, dann wäre der sich inzwischen durch mehrere Auflagen hindurchmogelnde Konstruktionsfehler bestimmt längst behoben. An anderer Stelle sind Autor und Verlag übertrieben korrekt: Bloß keine versteckte Produktwerbung!, scheint die Devise zu sein. Dabei schreien die gelbe Klebstofftube, die lila Schokoladentafel und vor allem die Legosteine, die kein Mensch unter der Bezeichnung »Bausteine« kennt, lauthals nach der Nennung ihrer Markennamen.

Babys brauchen keine Bücher. Aber gut ist es, wenn sie Eltern haben, die Geschichten lieben. Solche Kinder lernen mit diesem Buch mehr als »erste Bilder, erste Wörter« kennen. Sie gehen allererste gemeinsame Schritte in Richtung Literatur.

Ein weiteres empfehlenswertes erstes Sachenbuch ist »Pauls erste Sachen« von Paul Stickland (Verlag Ars Edition). Mit seinen in weiches Licht getauchten Familienszenen am Rande und seinem Hang zu Pastellfarben ist es noch ein bisschen netter als das Buch von Helmut Spanner, falls das überhaupt möglich ist. Interessant ist für Kinder auch die englisch-deutsche Version – nicht weil sie hier schon etwas lernen können, sondern weil sie den fremden Klang der Wörter mögen.

Max und die Wanne
von Barbro Lindgren-Enskog und Eva Eriksson

Pappbilderbücher sind menschenscheu. Sie machen das Krabbelkind gerne erst einmal nur mit Tieren und Dingen bekannt. Nach Bären und Mäusen kommen Enten und Hasen und dann die Gegenstände des Alltags: Schnuller, Milchflasche, Ball und dergleichen. Kinderfiguren, mit denen der kleine Betrachter sich vergleichen und identifizieren könnte, findet man in den Bü-

chern für die Jüngsten äußerst selten. Woran liegt das? Die Schwierigkeiten, die viele Illustratoren – etwa auch der vorgenannte Helmut Spanner – mit Kleinkindgesichtern haben, können doch nicht der einzige Grund sein. Eine Erklärung mag sein, dass kleine Kinder oft tatsächlich kein großes Interesse an ihren gleichaltrigen Kollegen haben. Sie verstehen die Welt um sich herum als etwas, das ganz und gar ihnen gehört, sie nehmen jedes Ding und jedes Ereignis in ihrer Reichweite persönlich. Andere kleine Kinder würden da nur stören. Wickelkinder sind gnadenlose Egozentriker.

Wie Max. Er könnte die erste richtig interessante menschliche Persönlichkeit sein, die einem Zweijährigen zwischen Buchdeckeln begegnet. Max, ein kleiner weißblonder Junge mit dickem Windelpaketpo, stapft durch seine Welt als selbstverständlicher Herrscher. Er herrscht über seinen Teddy, seinen Hund, seinen Ball, sein Auto und seinen Schnuller wie ein König über seine Untertanen. Klappt etwas mit einem dieser Dinge nicht so, wie Max es sich vorstellt, dann kriegt er einen Wutanfall. Wenn sie aber funktionieren, dann auf eine Art, auf die kein Erwachsener gekommen wäre. Daher kommt nur ganz selten die Mama in den Max-Büchern vor. Sie würde sich sonst nur zu sehr aufregen. Stattdessen gibt es als einziges vernünftiges Wesen wenigstens den Hund. Der regt sich auch schon genug auf. Kurz gesagt: Max ist wie jedes Kleinkind in diesem Alter. Nur witziger.

Das liegt vor allem an Eva Erikssons Bildern. In warmen Aquarellfarben und klar konturiert ist immer das Wesentliche einer Szene auf einem kleinen Bild zu sehen, während auf der linken Seite ein kurzer Hauptsatz lapidare Aussagen trifft. Witzig ist dabei oft der Gegensatz zwischen der jeweiligen Aussage – etwa »Es macht Spaß, in der Wanne zu baden« – und dem, was das Bild zeigt. Dort sehen wir nämlich nur einen, dem es Spaß macht, und das ist Max. Seine Gefährten scheinen anderer Meinung zu sein. Wichtig ist auch, dass Max stets seinen ernsthaften Gesichtsausdruck und damit seine Würde als ernst zu nehmender Individualist behält. Die Bilder zeigen ihn – meist gerade nicht lieb lächelnd, sondern nüchtern und sachorientiert – als ebenso komplexe Persönlichkeit wie seinen Betrachter. Durch Max wird daher kein Kind zu irgendeinem Verhalten gedrängt. Weder lernt es mit dem Büchlein über das Töpfchen, wie man trocken wird, noch mit dem über den Schnuller, wie man sich diesen abgewöhnt. Was es von Max lernen kann, ist eine Haltung zur Welt: neugierig, zupackend, gnadenlos vereinnahmend. Wer diese Haltung verinnerlicht, wird möglicherweise auf Geschichten, die ihm nur irgendetwas an- oder abtrainieren wollen, eher resistent reagieren. Aber er braucht später wahrscheinlich keine »Mutmach«-Bücher mehr.

Klopf an!
von Anna-Clara Tidholm

Geschlossene Türen üben auf alle Menschen einen Reiz aus, besonders aber auf Kleinkinder. Sobald sie an die Klinke herankommen, lieben sie es, sie herunterzudrücken und dann zu gucken, was hinter der Tür auf sie wartet. Neugierde ist einer der stärksten Triebe bei Kindern unter drei Jahren, und die Neugier beim Anblick einer geschlossenen Tür ist unwiderstehlich. Ist sie einmal geöffnet, wird die Tür eine Ewigkeit lang hin und her bewegt, das Kind versteckt sich davor und dahinter und schöpft alle erdenklichen Variationen des »Da bin ich – jetzt bin ich weg – da bin ich wieder«-Spieles aus. Wer Türen öffnen kann, hat nicht nur die Macht, Grenzen zu überschreiten, sondern auch, etwas zu verändern. Türen bedeuten einen Szenenwechsel im Alltagstheater.

Anna-Clara Tidholms »Klopf an!« spielt mit diesen Reizen. Nicht auf die übliche Weise der Pop-up-Bücher mit ihren kleinen Klapptürchen, wie es die Mausi-Bücher sehr liebenswert machen. Sondern mit ganzen Buchseiten, die als Türen fungieren – und dabei auch eine maßstabsgetreue Form haben. Der Leser macht gleichsam einen Rundgang durch ein kleines buntes Haus voller verschlossener Türen, die er mit dem Umblättern der Seiten öffnet. Dabei ist er nicht alleine: Der Text ist hier ein Begleiter, der das neugierige Kind an die Hand nimmt und die Szenerien in den einzelnen Zimmern bestaunt und kommentiert.

Wichtig ist dabei, dass die jeweiligen Zimmertüren tatsächlich die ganze rechte Seite ausfüllen, während links aufmunternd steht: »Klopf, klopf!« Natürlich pocht das Kind dabei aufs Papier, bevor die Tür aufgeschwungen wird.

Drinnen wartet ein buntes, übersichtlich – und immer etwas windschief – möbliertes Zimmer nach dem anderen. Wie mit bunten Bauklötzchen sind hier die Grundformen und -farben des Kleinkindalltags in den Räumen verteilt: Tiere, Essen, Spielzeug, einfache Möbel. Da gibt es eine Hasenfamilie, die beim Abendbrot sitzt, einen kleinen Jungen, der in seinem Spielzimmer die Trommel schlägt, oder eine Affenbande, die eine Kissenschlacht veranstaltet. Das letzte Zimmer, bevor wir zur blauen Tür wieder hinaus ins Freie treten, zeigt eine Bärenfamilie beim Schlafengehen. Der allerkleinste Bär liegt so friedlich schlafend in seinem Bettchen, dass man sofort ebenfalls Lust auf solch hingegebenen Schlummer bekommt. Viele Möglichkeiten bietet dieses Buch: Man kann damit zählen üben, Farben benennen, bekannte Dinge suchen. Dass die meisten Zimmer kein Fenster haben, macht die aufgeschlagenen Doppelseiten zu einer Art Guckkastenbühne – die gemütliche Schutzatmosphäre des Drinnen-Seins wird dadurch besonders betont.

Mit seinen schlichten Formen, den klaren und warm leuchtenden (Grund-)Farben und den dick nachgezogenen schwarzen

Konturlinien ist das ganze Buch ein Fest der Einfachheit. Auch sein kleines, handliches Format trägt zu dem liebenswert schlichten Gesamteindruck bei. Die Bilder haben den naiven Charme von Kinderzeichnungen, sind aber in all ihren Elementen gut durchkomponiert und durchdacht. Ähnlich meisterhaft in ihrer Einfachheit sind die Worte zu den Bildern. »Dank an Thomas für die Hilfe beim Text« steht klein gedruckt auf der letzten Seite. Darüber mag man sich wundern – sind Sätze wie »Ist jemand da? Vier wilde Affen! Schmeißen mit Kissen. Affenquatsch!« denn so schwierig zu verfassen? Nun, sie sind klar und knapp, haben Rhythmus, wirken dabei aber assoziativ, als kämen sie von jemandem, der zusammen mit dem lesenden Kind zum ersten Mal in das grüne Affenzimmer hineinschaut. Diese Unmittelbarkeit zu treffen (auch in der Übersetzung) ist etwa ebenso schwer, wie den Ausdruck einer Kinderzeichnung hinzubekommen, wenn man schon erwachsen ist. Genau dies, sagte Picasso einmal, habe er sein Leben lang geübt.

»Seht mal!«, sagt der kleine Bär von Thomas Winding und Ole Könnecke

Schade, dass Zweijährige ihren Eltern noch keine Buchgeschenke zu machen pflegen. Viele Kinder in diesem Alter haben ja das Problem, von hyperaktiven Eltern umgeben zu sein, die in jeder Weise intensiv auf ihren Sprössling eingehen, ihn fördern, mit Aktivitätsangeboten traktieren und auf ihn einspielen, bis alle völlig erschöpft sind. Solche Kinder könnten ihren Erwachsenen zur Beruhigung eines der Pappbilderbücher über den kleinen Bären von Thomas Winding und Ole Könnecke schenken, oder am besten gleich alle drei. Was dann in der gemeinsamen Betrachtung folgt, ist die Entdeckung der Langsamkeit im Bilderbuch und die Erkenntnis, dass es auch Bilderbuchbären gibt, die *nicht* niedlich sind.

Schon mit seinen Vorlesegeschichten vom Hund Mister hat der dänische Autor Thomas Winding seine Könnerschaft im lakonischen Erzählen gezeigt. In den Bilderbüchern um den kleinen Bären ist sein Ton noch knapper. Der Titelsatz unseres Buches ist denn auch fast der einzige, den sein kleiner Held selbst äußert. Sonst hält er meistens die Schnauze: »Der kleine Bär sagt nichts«, steht auf fast jeder Doppelseite. Man sieht sofort, warum: Während seine Eltern über den Abendhimmel, die Form der Wolken und den Aufzug der Sterne schwafeln, beschäftigt den kleinen Bären sein eigenes Drama, in dem eine Tasche mit unpraktisch langem Riemen, ein Bäumchen und ein leuchtend roter Apfel eine Rolle spielen. Eine Kleinfamilie macht ihren Abendspaziergang, und für einen von ihnen passiert dabei etwas komplett anderes, ohne dass die beiden anderen das überhaupt bemerken. Dies alles wird in keiner Weise kommentiert. Diese Eltern müssen nicht unbedingt alles mitbekommen, was ihr Kind bewegt, und das Kind hat dies ebenfalls nicht nötig. Dem kleinen Bären reicht die Anwesenheit seiner Eltern. Dass sie dabei innerlich ganz woanders sind, ist kein Problem, denn es ist eine freundliche Abwesenheit, mit der sie ihm zutrauen, dass er sich auch selbst beschäftigen kann.

Ole Könneckes Illustration treibt die Lakonie der Geschichte meisterhaft auf die Spitze. Alles ist hier reduziert: Wir sehen klare Linien, dezente Farben, leere Flächen, viel Weiß, und darin deutlich konturiert drei Bärengestalten, die alles andere sind als süß. Ein wenig dümmlich wirken Mama Bär und Papa Bär in ihrer Eltern-Einigkeit, langweilig fast, wie das bei glücklichen Paaren nun einmal ist. Dem kleinen Bären dagegen sieht man jede Stimmungsnuance an den wenigen Strichen an, die seine Körper- und Schnauzenhaltung umreißen. Kleinkinder sind enorme Schaffer. Die Großen haben Feierabend und werden beschaulich, er dagegen arbeitet schwer. Diesen Gegensatz zwischen der Trägheit der Eltern und der steigenden Energie des Kindes zu harmonischen, friedvollen Bildsequenzen zu verdichten, das ist Ole Könnecke mit viel – vielleicht zu viel – Understatement gelungen.

Denn den großen Durchbruch erlebten die drei Bändchen bisher nicht. Ihr Charme ist so verhalten, dass man das Buch schon mehrmals anschauen muss, um ihn langsam schätzen zu lernen. Kleinen Kindern fällt das leichter, wenn ihr Vorleser im Gegensatz zu den Bäreneltern einmal gar nicht phlegmatisch an die Sache herangeht. Trägt er ihren Part schön langsam und leiernd vor und unterstützt er den kleinen Bären mit den entsprechenden Arbeitsgeräuschen, dann ahnen die Betrachter schnell etwas von der Absurdität des Geschehens und der Dialoge. In jedem Fall ist diese Geschichte sehr entlastend für Eltern, die keine Lust haben, am Erleben ihres Kindes bis in die kleinste Regung hinein teilzunehmen, und zugleich sehr amüsant für Kinder, die schon früh merken, dass man neben dem, was diese langweiligen Großen so wichtig nehmen, für sich allein ganz eigene Aufregungen finden kann.

Die Bilderbücher, die Ole Könnecke für etwas ältere Kinder geschaffen hat, sollte sich jeder anschauen, der ein Faible für seinen reduzierten und verhalten witzigen Strich hat. Besonders charmant und kindgerecht, da es mit der umwerfenden Logik der Dreijährigen erzählt, ist »Anton kann zaubern« (2006 bei Hanser erschienen).

Das große Piraten-Wimmelbuch von Ali Mitgutsch

Warum die Klassiker unter den »Wimmelbilderbüchern«, nämlich »Rundherum in meiner Stadt« oder »Bei uns im Dorf«, nicht in diesem Empfehlungsbuch auftauchen, wird im nächsten Kapitel begründet (s. S. 27). Fest steht, dass Ali Mitgutsch das Genre der »Wimmelbilderbücher« überhaupt erst erfunden hat. Der Begriff selbst stammt nicht von ihm, seine Verleger haben sich ihn ausgedacht. Aber er ist treffend: Zum Teil tummeln sich mehr als 80 Personen auf einer Doppelseite, von den Tieren und Dingen ganz zu schweigen. Wir sehen typische Menschen in typischen Situationen, keine einzelnen Charaktere. Sie verteilen sich gleichmäßig auf groß angelegte Szenerien, die nur sehr wenig perspektivisch nach hinten verkürzt sind. Auf diesen Seiten ist alles gleich wichtig; der Blick wird nicht gelenkt, sondern darf spazieren gehen. Ali Mitgutschs Wimmelbilderbücher sind im besten Sinne naive Malerei für kleine Kinder.

Diese Bücher sind nun schon so alt wie die Eltern von heute. Ali Mitgutsch hat sie zum Teil überarbeitet. Er hat aber auch daran gearbeitet, von ihnen wegzukommen, und zwar in beide Richtungen: Erzählung und Sachbuch. Die sachorientierten Bücher kamen beim Publikum besser an. Mit dem »Großen Piraten-Wimmelbuch«, seinem letzten größeren Buchprojekt, haben wir nun eine glückliche Verbindung aus ein wenig Piratensachkunde und sehr viel Gewimmel, Spaß und Turbulenzen. Eine richtige fortlaufende Geschichte ist nur ganz grob zu erkennen: Eine Horde sehr lebenslustiger Piraten ruht sich in einer versteckten Bucht aus, wo sie ihr »Piratennest« haben. Dann laufen sie aus, kapern ein Handelsschiff, nehmen Gefangene an Bord, werden aber ihrerseits überwältigt von einem größeren Kriegsschiff. Unter dem Jubel der Bevölkerung läuft das Schiff mit den gefangenen Seeräubern und den befreiten Passagieren im Heimathafen ein. Dies ist aber nur der Umriss. Die eigentlichen Geschichten finden die Betrachter. Wie es sich für ein Wimmelbilderbuch gehört: Hunderte von Geschichten, und auch nach x-mal Anschauen noch neue.

Im »Piraten-Wimmelbuch« kommt ein Zug Ali Mitgutschs besonders gut zur Geltung: sein Hang zur Burleske. Er ist in allen seinen Werken gut ausgeprägt, was zu ihrer großen Beliebtheit beigetragen hat. Die meisten Kinder mögen die kleinen Derbheiten, Grenzübertretungen und Mini-Missgeschicke aller Art, die sich über die Seiten verteilen. Das Piratenbuch ist naturgemäß voll davon. Und nicht nur mit kleineren Katastrophen. Das siegreiche Kriegsschiff erreicht zwar am Ende mit den geretteten Geiseln den heimatlichen Hafen, wo viele breit lachende Münder in der Menge leuchten. Zuvor jedoch gab es zwei große Scharmützel auf See, eines davon mit einem lichterloh brennenden Piratenschiff: donnernde Kanonenkugeln, Pulverdampf und zappelnde Beine im Wasser. Beim ersten Kampf zischen vierundzwanzig Säbel durch die Luft. Wundersamerweise fließt dabei kein Blut, aber auf der Doppelseite, die den Bauch des Piratenschiffes im Querschnitt zeigt, hockt eine ganze Reihe dick einbandagierter Seeräuber in einem Unterdeck. Es hat also doch Verletzte gegeben – genau wie früher, als es noch echte Piraten gab.

Nein, Ali Mitgutsch ist nicht zimperlich. In aller Fröhlichkeit und Buntheit zeigt er immer wieder auch die unheilen Stellen des Daseins. Der Optimismus bleibt aber dabei stets die überwiegende Kraft. Wenn seine Seeräuber die Münder weit aufreißen (und das tun sie oft), dann ist schwer zu erkennen: Brüllen sie oder lachen sie? Sie tun meistens beides. Als Hör-Bilderbuch wäre dieses Buch jedenfalls ziemlich laut. Manche Erwachsenen finden es für die Friedenserziehung nicht besonders förderlich. Und die Mädchenzählerinnen unter ihnen haben sehr wenig zu tun – das Piratenleben war nun einmal eher Männersache. Ali Mitgutsch fühlt sich bei allem Nebenbei-Quatsch der sachlichen Richtigkeit verpflichtet. Also wird in diesem Buch geschossen, und zwar meistens von rauen Männern. Wer ein durch und durch vitales, kraftstrotzendes Bilderbuch voller turbulenter Szenen mag, wird hiermit sehr viel Spaß haben, ob nun als Junge oder als Mädchen.

Wer es doch lieber korrekter möchte, sollte sich »Die kleine Piratin und die neuen 13« von Bruno Blume und Jacky Gleich anschauen (Fischer Schatzinsel). Hier wirft eine Piratenkapitänin die Männer von Bord, weil die sie als Chefin nicht respektieren, und organisiert eine sehr vernünftige gemischte Crew. Das ist aber auch schon der ganze Clou der Geschichte. Die Bilder dagegen sind dem Thema angemessen wild und schräg.

Für Geschichtenfinder mit Gespür für das Vergehen der Zeit

Das Frühlings-Wimmelbuch von Rotraut Susanne Berner

Wenn Ali Mitgutsch die Wimmelbilderbücher erfunden hat, dann hat Rotraut Susanne Berner sie neu erfunden und in unsere Zeit hinübergerettet. Als Kinder kannten und liebten wir nur »Rundherum in meiner Stadt«, »Bei uns im Dorf« oder »Komm mit ans Wasser«. Sie sind nach wie vor lieferbar und werden immer noch stapelweise verkauft, auch, weil Eltern dazu neigen, den eigenen Kindern das weiterzugeben, was sie selbst mochten. Aus diesem Grund hinkt die tatsächlich gelesene Kinderliteratur in großen Teilen immer ein wenig ihrer eigenen jüngeren Entwicklung hinterher. Die Etablierung eines neuen Klassikers ist schwierig, dafür bleibt der Klassiker dann auch länger einer. Auch darum habe ich »Schau mal!« geschrieben: um auch auf jene liebenswerten Bilderbücher aufmerksam zu machen, die wir Erwachsenen leider noch nicht kennen konnten, als wir Kinder waren.

Auf die Werke der Münchener Bilderbuchkünstlerin Rotraut Susanne Berner muss man eigentlich nicht mehr eigens aufmerksam machen; seit Jahren sind ihre Illustrationen im Kinderbuchbereich fast schon allgegenwärtig, und ihr Karlchen (s. S. 55) ist inzwischen ein Liebling der Buchhändler und Kinder geworden. Aber ihre Neuerfindung der guten alten Wimmelbilderbuch-Idee ist so überzeugend, dass selbst Ali Mitgutschs Klassiker trotz ihrer Quirligkeit und ihres Witzes daneben verblassen. Es macht nach wie vor großen Spaß, »bei uns im Dorf« unterwegs zu sein. Aber abgesehen davon, dass vieles darin inzwischen leicht veraltet wirkt, während Rotraut Susanne Berners Figuren so ähnlich auch heute draußen auf der Straße herumlaufen könnten, kann man insgesamt mit ihren Bildern einfach mehr anfangen. Zum Beispiel Fortsetzungsgeschichten finden und erfinden. Am besten geht das, wenn man alle vier Wimmelbilderbücher von ihr kennt; es gibt für jede Jahreszeit eines. Mit nur einem von ihnen hat man zwar eine Menge Vergnügen, verpasst aber zugleich eine ganze Dimension, die sich erst im Zusammenspiel mehrerer Bände erschließt.

Denn wir sehen, wenn wir die großen Panoramabilder umblättern und die einzelnen Bände miteinander vergleichen, das Vergehen der Zeit, und zwar gleich doppelt. Innerhalb eines Bandes vergeht etwa eine Stunde, bis eine Figur von der ersten bis zur letzten Seite gekommen ist, das sehen wir an den Uhren, die Rotraut Susanne Berner in der Stadt verteilt hat. Eine Stunde, in der zwischen dem großen Mehrfamilienhaus am Stadtrand, dessen Zimmer alle offen vor uns liegen, und dem kleinen Parkcafé am See viel passiert. Denn dazwischen liegt die Stadt: mit Bahnhof, Marktplatz, Kaufhaus, Kirche und allem, was dazugehört. Vor allem gefüllt mit Erlebnissen. Wir sehen nicht, wie das in Wimmelbilderbüchern sonst üblich ist, auf jeder Seite neue Szenen und Figuren, die dann dort verharren. Bei Berner haben sie das Laufen gelernt. Einer, der die ganze Buchstrecke abläuft, ist zum Beispiel Manfred, der Jogger. Im Frühlingsbuch rutscht er bei der Kindergarten-Baustelle auf einer Bananenschale aus, und Elke, die ihren Dackel ausführt, verarztet am Markt seine blutende Hand mit einem Pflaster. Da seine Hose zerrissen ist und die beiden sich offenbar sympathisch sind, gehen sie anschließend zusammen ins Kaufhaus und kaufen eine neue Jogginghose. Auf der Parkbank schließlich hält Elke eine Pfingstrose in der Hand. Wann und wo hat sie die bekommen? Ihr Dackel war zwar immer an der Leine, hat aber etwas ganz anderes erlebt, nur was? Das hat mit einem Ball zu tun. Und wer hat überhaupt die Bananenschale fallen lassen? So blättert man vor und zurück und kommt von einer Geschichte auf die nächste. Und das ist nur der Frühling. Im Winter kannten sich Elke und Manfred noch gar nicht und liefen achtlos aneinander vorbei – für Elkes Dackel wiederum ist Manfred kein Unbekannter. Im Sommer werden die drei schon gemeinsam joggen.

Dies ist die zweite Zeitdimension. Wir sehen nicht nur dieselben Figuren innerhalb eines Bandes immer wieder, wir sehen sie auch im Wechsel der Jahreszeiten. Viele von ihnen kommen in jedem Band vor, verändern sich, begegnen einander, machen neue Erfahrungen. Das Baby, das im Winter noch im Bauch der Mutter war, liegt im Frühjahr im Kinderwagen. Die meisten Tiere waren im Winter allein, nun sind es mehr, und fast alle sind zu zweit (selbst die Fledermaus auf dem Dachboden und der Goldfisch im Aquarium haben einen Gefährten gefunden). Die Kindergartenbaustelle, im Winter noch Baugrube, ist nun ein Rohbau. Und mit jedem Band verzweigen sich die Bekanntschaften weiter. Die Geschichten, die sich so ergeben, sind Short Cuts des Alltags – unabsichtlich, unspektakulär, unaufdringlich. Sie haben keine Botschaft außer vielleicht dieser: Geh raus, dann passiert was. Oder: Schau genau hin, dann siehst du überall Geschichten.

Dass diese Geschichten überwiegend heiter und positiv sind, ist beim Alter der Zielgruppe klar. Verglichen mit den Szenen von

10

Ali Mitgutsch, auf denen viel gerauft wird, vornehmlich von Jungen (die überhaupt lange Zeit seine Bilder überdurchschnittlich bevölkerten), sind Rotraut Susanne Berners Bildgeschichten fast überkorrekt und brav (mit vorbildlichem Geschlechterverhältnis). Dennoch spart sie Konflikte und kleine Dramen nicht aus. Insgesamt zeigt sie die heilen Seiten unseres gewöhnlichen Lebens, aber keine altmodisch heile Welt – so gibt es selbstverständlich auch allein erziehende Kinder und Eltern hier zu entdecken. Die Bilder entsprechen dieser grundsätzlich freundlichen Atmosphäre. Es sind die klar konturierten, farbenfroh angezogenen Figuren, die wir schon von vielen Buchumschlägen kennen. Die Personen sind hier jedoch deutlich wiedererkennbar an Nasen, Haltungen, Frisuren und Kleidern – und das, obwohl ihre Gesichter nur aus ein paar Strichen bestehen. Sie verhalten sich auch konsistent, sind eben keine Typen, sondern einzelne Charaktere. Trotz aller Quirligkeit hat jeder genug Platz um sich herum, so dass man auch mit Kleinkindfingern auf ihn tippen und ihn über die Seiten hin verfolgen kann.

Die Idee eines Wimmelbilderbuches, das die Dimensionen Raum und Zeit mit einbezieht, sieht im Ergebnis denkbar einfach aus, ist aber eine ungeheure Fleißarbeit schon allein in der Konzeption, von der Ausführung ganz zu schweigen. Hinzu kommt, dass Rotraut Susanne Berner sich eine scheinbar unerschöpfliche Vielzahl von Alltagsgeschichten ausdenken musste. Und die zeigt sie uns auf eine Weise, dass wir am Ende nicht nur stundenlang auf den wenigen Seiten herumwandern und vom Ball auf den Hund auf den Buchhändler auf den Polizisten kommen, um nur eine von etwa hundert Möglichkeiten zu nennen. Sondern auch zu dem Schluss: Unser normales Leben ist schön.

Die kleine Raupe Nimmersatt von Eric Carle

An diesem Buch kommt kein Kind vorbei. Es ist ein moderner Klassiker, genau wie Leo Lionnis »Frederick« (s. S. 132). In ihrer klaren grafischen Aussage, ihrer sanften Heiterkeit, in der Einfachheit ihrer Grundidee, sogar im Stilmittel der Collage sind die beiden Bilderbücher miteinander verwandt; sie entstanden auch etwa zur selben Zeit. Carle und Lionni kannten sich; beide arbeiteten in New York als Grafiker für Zeitungen und die Werbung, bevor sie sich entschlossen, nur noch Bilderbücher zu machen. Zusammen mit William Steig (s. S. 111) und Maurice Sendak (s. S. 95) bildeten sie die Riege der »großen alten Männer« der amerikanischen Bilderbuchkunst (Leo Lionni und William Steig sind vor nicht langer Zeit verstorben). Bei allen vieren stammen Texte und Bilder ihrer Bücher vorwiegend aus einer Hand, was natürlich maßgeblich dazu beiträgt, dass ihre Werke aus einem Guss sind. Und eine weitere Gemeinsamkeit gibt es: Sie sind alle bis ins hohe Alter hinein als Kinderbuchkünstler aktiv (gewesen). Speziell Carle kündigt immer wieder sein »wirklich letztes« Bilderbuch an, um dann ein Jahr später ein »allerletztes« herauszubringen.

Die »Raupe Nimmersatt« war nicht sein erstes Buch, aber sie brachte Eric Carle den großen Durchbruch, als sie im Jahr 1969 erstmals erschien, und ermöglichte ihm, die Arbeit als Werbegrafiker an den Nagel zu hängen. Seitdem frisst sie sich durch sämtliche Kinderzimmer der Welt und hat bislang eine Gesamtauflage von 20,5 Millionen Exemplaren, davon vier Millionen in Deutschland. Ihre Attraktion für kleine Kinder beruht auf einem so schlichten wie genialen Grundkonzept, das Carle seitdem immer wieder variiert hat. Es ist kein Wunder, dass ein Mann, der sich mit Werbung beschäftigt hat, klar illustrierte Bilderbuchgeschichten erfindet, die inhaltlich an Fabeln erinnern. Fabeln und Werbung gehen nach ähnlichen Regeln vor: Sei knapp, reduziere die Botschaft auf das Wesentliche und mache sie so sinnfällig wie möglich. Zum Beispiel, indem man ein Tier die Hauptrolle spielen lässt (in der Werbung, die sich an Erwachsene richtet, ist es seit einiger Zeit das Kind, das die Funktion übernimmt, die das Tier in Büchern oder Filmen für Kinder erfüllt). Im Fall der »kleinen Raupe Nimmersatt« beruht das Grundkonzept auf der erwähnten Tier-Hauptrolle, auf Reihung, Wiederholung, einem vorhersehbaren Höhepunkt, der aber auch eine kleine Überraschung enthält, und nicht zuletzt darauf, dass man etwas zum Anfassen, zum Be-Greifen hat, nämlich die durchgestanzten Löcher, die in all den leckeren Dingen bleiben, nachdem sich die Raupe durch sie hindurchgefressen hat.

Die Botschaft der Raupe ist ebenfalls denkbar einfach: Es ist ein Lob der Unersättlichkeit, also ein Lob des Lebenshungers und der Bereitschaft, sich weiterzuentwickeln. Kinder genießen die hemmungslose Fressgier des kleinen Tieres, das niemals genug zu bekommen scheint. Nachdem sie von Montag bis Freitag immer ein Stück Obst mehr zu sich genommen hat, verfällt sie am Samstag einem richtigen Fressrausch. All die Dinge, die sie auf dieser Doppelseite in sich hineinstopft, mit atemloser Stimme aufzuzählen, ist für kleine Kinder ein Fest der Unmäßigkeit, als wären sie selber die Raupe. Vordergründig geht es um ein Lernangebot, wie es Pädagogen – und Vorschulkinder – gern mögen: Zahlen, Farben, Wochentage, Früchte zu bestimmen und natürlich ein wenig Sachkunde über das Leben der Raupen.

Doch dieses Lernangebot wird nur deshalb so begeistert angenommen, weil die Geschichte mithilfe der Lerninhalte etwas anderes – triebhafteres – erzählt: Sie erzählt vom Einverleiben, einer der ersten und besten Beschäftigungen für Kleinkinder. Mehr noch: Da die Raupe sich die Dinge einverleibt, indem sie sich hineinbohrt, spricht sie noch einen anderen Trieb an, die Neugier und Entdeckungslust. Sie zu befriedigen, indem man mit den Fingern etwas erkundet, Löcher hineinbohrt, mit den eigenen Händen durchdringt, gehört ebenfalls zu den wichtigsten Tätigkeiten kleiner Kinder. »Die Raupe Nimmersatt« mit ihren ausge-

stanzten Löchern im Papier ermöglicht ihnen beides. Für etwas Ältere kommt die hoffnungsvolle Erkenntnis hinzu, dass aus jeder Raupe einmal ein Schmetterling wird. Es ist tröstlich, an eine Veränderung zum Schöneren zu glauben, wenn man ein Vorschulkind ist und auf die verschiedenen Perfektionsansprüche unserer durchorganisierten Alltagswelt trifft. Aus diesem Grund wird das Buch von den Zweijährigen und von den Fünfjährigen geliebt, und von allen, die dazwischen sind, ebenfalls.

Das liegt auch an der übersichtlichen Illustrationsweise Eric Carles. Sein Markenzeichen ist die Collage; seit Jahrzehnten stellt er die Seidenpapiere hierfür selbst her. Sie haben eine große Leuchtkraft und wirken fast stofflich, da die Farbe unterschiedlich intensiv aufgetragen ist. Man sieht Schlieren und Übermalungen, blassere Stellen und Streifen, die mit den Pinselzügen auf dem Papier entstanden, bevor die Formen ausgeschnitten wurden. Sehr wichtig ist Carle die Farbe Weiß, sie sei wie eine Pause im Gespräch, sagte er einmal. So lebhaft es in der Geschichte zugeht – das Auge kann sich immer wieder auf diesen »Gesprächspausen« ausruhen. Die Technik wirkt übrigens so einfach, dass Kinder sofort den Impuls haben, es nachzuahmen. Eric Carle hat genau das beabsichtigt. Für ihn ist es das schönste Kompliment, wenn ein Kind mit den Worten »Das kann ich auch!« auf seine Bücher reagiert.

Eins zwei drei Tier
von Nadia Budde

Dieses Buch könnte auch ein Fries sein, das in Augenhöhe an der Wand entlangläuft. Oder ein kurzer Film mit witzigen Begleitgeräuschen. Am schönsten wäre es, wenn es sich zum Kreis schließen und irgendwann wieder von vorne anfangen würde. Wer es darauf anlegt, kann zusammen mit einer Hand voll Vierjähriger bestimmt etwas Ähnliches erdenken, erspielen, erdichten und malen. Wie das so ist bei genial einfachen Ideen: Man denkt, dass man sie leicht nachmachen kann. Und dann ist es doch viel schwerer, als es aussieht. Jedenfalls liefe das Unternehmen, »Eins zwei drei Tier« spielerisch nachzuahmen, auf einen hochkarätigen Kreativkurs für Querdenker jeden Alters hinaus. Mindestens ein vergnüglicher Nachmittag wäre gesichert.

Der jungen Bilderbuchkünstlerin Nadia Budde gelang mit »Eins zwei drei Tier« das selten gewordene Kunststück, eine Bilderbuchform neu zu erfinden. Mehr noch als Rotraut Susanne Berner, die dem guten alten Wimmelbilderbuch weitere Dimensionen hinzugab (s. S. 27), hat Nadia Budde mit »Eins zwei drei Tier« eine wahrhaft originelle Gesamtidee verwirklicht. Es wird bestimmt Nachahmer finden, die aber ihre Mühe haben werden, noch etwas Eigenes daneben zu setzen. Nadia Budde selbst fällt es ja schon schwer.

Eine fortlaufende Geschichte wird nicht erzählt. Es geht um

Aufzählungen und Reihungen von Tieren, die sich nicht immer artgemäß verhalten und auch nicht ganz so aussehen (oder hat schon mal jemand eine blonde, eine schwarzhaarige oder eine glatzköpfige Biene gesehen?). Diese Reihung – selbst schon absurd genug – läuft auf jeder Seite auf einen Schlussreim hinaus, der resolut das nächste Tier ins Spiel bringt. Kinder lachen unwillkürlich verdutzt, wenn mit runden wachen Augen ein neues Tier aus der Bodenlinie auftaucht, das mit dem, was zuvor geschah, nur den Wortklang teilt. Nadia Budde lässt entsprechend befremdete oder neugierige Blicke auch zwischen den Tieren hin und her gehen, die sich nun um des Reimes willen plötzlich zusammen auf einer Pappseite finden. Doch es kann nicht lange gestaunt werden, weiter geht's, der Neuankömmling gibt seine Vorstellung und der Rhythmus der Aufzählungen zieht das Vorlesetempo mächtig an.

Sind Idee und Worte schon von absurdem Witz, so macht die Illustration den Nonsens-Spaß komplett. Kunterbunt sind die Bilder, klar und ein bisschen grob die Umrisse der Tiere, schlicht und überdeutlich ihre Mimik und Gestik. Die müde Katze ist ohne jede Körperspannung, als kranke Katze sieht sie schrecklich elend aus, daneben dann gleich vital und mit herausforderndem Grinsen, sie ist nun wieder gesund – und dann kommt der Hund. In ihrer sinnfälligen, starken Körpersprache sind diese Tiere echte Typen, ungefähr ebenso charakteristisch wie die Kinderfiguren, die gegen Ende verstärkt in den Reihungen auftauchen. Und diese Kinder sind wichtig: Sie holen das Kind vor dem Buch noch näher in das Spiel hinein, sprechen es mit »du« an, zählen es zum »wir« hinzu, und machen mit ihren stabilen, leicht ungelenken Körperhaltungen und ihren ungemein offenen und erwartungsvollen Gesichtern einfach gute Laune. Wer von einer solch lustigen, selbstbewussten Bande zu »uns« gezählt wird, mit dickem Ausrufezeichen, der hat wenig zu befürchten. Schon das Lachen, das es hervorruft, macht »Eins zwei drei Tier« zu einem stärkenden Buch. Vielleicht aber noch mehr die zupackende Vereinnahmung durch diese kräftigen Kinder.

Nadia Budde hat zusammen mit Jeremy Fitzkee ihr Buch auch auf Englisch noch einmal neu erfunden, zum Teil mit demselben Personal, aber vorwiegend mit anderen Tieren und Kindern: »One two three me« (2003 ebenfalls im Peter Hammer Verlag erschienen). Auch Dreijährige, die kein Wort Englisch verstehen, haben daran einen Riesenspaß; die Absurditäts-Schraube geht für sie einfach noch eine Drehung weiter. Für die Älteren, denen Englisch schon ein wenig geläufig ist, ist es natürlich ebenfalls ein großer Spaß – und eine kleine Lerngelegenheit.

Das kleine Museum
von Alain Le Saux und Grégoire Solotareff

Als der Frankfurter Arzt Heinrich Hoffmann mit seinem Zufalls-Bestseller »Struwwelpeter« (s. S. 119) einen überraschend großen Erfolg erlebte, gab es auch kritische Stimmen, die sich über die allzu schlichten Bilder beklagten. Hoffmann entgegnete ihnen in seinem Vorwort zur 100. Auflage des Buches spöttisch: »Nun gut, so erziehe man die Säuglinge in Gemäldegalerien!« Er konnte nicht ahnen, dass genau dies etwa 150 Jahre später eine richtige Mode werden würde. Immer mehr Verlage versuchen, teils mit ganzen Serien, Kindern die bildende Kunst nahe zu bringen, flankiert von immer fantasievolleren museumspädagogischen Aktivitäten der Galerien auf der Suche nach den Besuchern von morgen. Nicht alles davon muss man lesen oder mitmachen. Oft reicht es, einfach das mit den Kunstwerken zu tun, wozu sie da sind: Sie ausgiebig zu betrachten.

Schon bevor die große »Kunst-für-Kinder«-Mode in den Verlagsprogrammen losging, hat der französische Arzt und Bilderbuchkünstler Grégoire Solotareff zusammen mit Alain Le Saux eine Bildergalerie nur zum Anschauen zusammengestellt. Keine Erklärungen, keine weitergehenden kunsthistorischen Informationen (außer einer ganz knappen Legende), keine Geschichten oder Anekdoten aus dem Leben des Künstlers begleiten seine ausgesuchten Bilder. Nur pro Doppelseite ein Bild, und zu diesem das entsprechende Hauptwort, das uns bezeichnet, was wir sehen. Der Clou des Buches ist, dass die Kuratoren dieser speziellen Ausstellung selbst ganz genau hingeschaut haben, um ihre Exponate auszuwählen. Das wichtigste Wort auf den knappen Hinweistexten ist in Klammern gesetzt: »(Ausschnitt)«. Denn wir sehen die Werke nie ganz, sondern nur die Details, die dem Künstler wichtig waren, um sein eigenes ABC der Welt zusammenzustellen. So wurde ein ganz besonderes Sachenbuch daraus, ein »Orbis Pictus« der gemalten Dinge aus der Hand der großen Meister, geordnet nach ihren Anfangsbuchstaben.

Tatsächlich kann man diese Dinge, auf diese Weise isoliert, mit Kleinkindern genauso gut anschauen wie die Gegenstände in Helmut Spanners oder Rotraut Susanne Berners Pappbilderbüchern (s. S. 11 und 27). Ein von Edward Hopper gemaltes Auto bleibt wegen seiner geheimnisvollen Dämmerlicht-Aura länger im Gedächtnis als ein beliebiges Fahrzeug auf Glanzpappe. Und es regt dazu an, sich eine Geschichte auszudenken. Ein Baby ist ein Baby, aber das von Georges de La Tour scheint rotgolden von innen zu leuchten, und man sieht ihm die Entferntheit von der Welt an, die die Neugeborenen noch eine Weile im Gesicht tragen. Natürlich sind Pieter Bruegels »Kinderspiele« mit in der Galerie, sie zeigen mit »Bockspringen« eines der wenigen Tätigkeitsworte. Und Tiere gibt es genug in der Malerei: Hieronymus Bosch liefert das Stachelschwein, Lukas Cranach die Hirsche und Eugène Delacroix einen mächtigen, wachsamen Tiger. Eine besondere thematische Gewichtung lässt sich nicht festmachen, aber naturgemäß sind die modernen Dinge seltener und ist Technik weniger stark vertreten als Natur. Menschen und ihre Körperteile, Essen, Haushaltsgegenstände und Möbel, Gebäude, Wege und Wasser – alle Elemente des Lebens finden sich in dem kleinen, aber dicken quadratischen Buch. Dagegen – auch das ist klar, wenn man Werke der großen Meister aussucht, die nicht abstrakt sind – kein Fernseher, kein Computer, überhaupt so gut wie kein Spielzeug, sei es für Kleine oder Große.

Vielleicht haben Solotareff und Le Saux Goethes Diktum im Sinn gehabt, nach dem wir unseren Geschmack nicht am Mittelgut bilden können, »sondern nur am Allervorzüglichsten«. Oder, um es mit einem Leipziger Oberschüler unserer Zeit zu sagen, der gefragt wurde, ob man Kindern und Jugendlichen mit Hochkultur überhaupt kommen dürfe: »Die merken doch gar nicht, was für'n Scheiß sie sehen, da kann man ihnen auch genauso gut was Richtiges vorsetzen.« Beide haben Recht: Kinder, die dieses Buch wieder und wieder durchblättert haben, werden einen solchen Augenausdruck, wie ihn Delacroix' Tiger hat, in den Sachbüchern, die sie später anschauen, nicht mehr finden, und sie werden den Unterschied bemerken. Nichts anderes ist Geschmacksbildung. Wahrscheinlich hat aber das Spielerische den Bildungsgedanken überwogen. Der Kunstliebhaber und Allrounder Grégoire Solotareff hat wohl einfach nur Spaß daran gehabt, sich sein eigenes ABC zusammenzustellen. Wer ebenfalls gerne durch Museen wandert, bekommt unmittelbar Lust, es ihm nachzutun und eine eigene Liste der Dinge mit einer imaginären Schere gleichsam aus den Bildern herauszulösen. Dass man sich dabei mit den Geschichten beschäftigt, die die Bilder erzählen, oder selbst welche erfindet, ist fast unvermeidlich. So ist dieses Buch eine kreative und vergnügliche Schule des Sehens für Augenmenschen jeden Alters.

Grégoire Solotareff hat eine ganze Reihe expressiver und in mancher Hinsicht auffälliger Bilderbücher verfasst und illustriert, die auf Deutsch im Moritz Verlag erschienen sind. Sie haben oft tiefenpsychologische Ansätze und sind mit Energie und Schwung illustriert. »Du groß und ich klein« (1996) erzählt etwa von der Macht, der Ohnmacht und der Dynamik, die entsteht, wenn sich im Machtgefüge etwas verändert. Das Buch erhielt den Deutschen Jugendliteraturpreis. Für Leser ab etwa sieben Jahren sind seine geistreichen, amüsanten und melancholischen Kalendergeschichten sehr zu empfehlen, die in drei Bänden – der Frühling ist bisher ausgeblieben – Tag für Tag durch drei Viertel des Jahres begleiten.

Nachts auf der Baustelle
von Kate Banks und Georg Hallensleben

Vor allem die Eltern kleiner Jungen wissen, dass es viele Bilderbücher über Autos und noch mehr über andere Nutzfahrzeuge gibt. Überall Bagger, Kräne und Lastwagen, Müllautos, Feuerwehren und hin und wieder auch ein ganz normaler PKW. Aber sie sind fast ausschließlich in Sachbilderbüchern zu finden; das literarisch erzählende Bilderbuch scheint eine praktisch verkehrsfreie Zone zu sein. Es ist erfreulich, dass das genuine Interesse kleiner Jungen an allem, was Räder hat – es scheint sich hier tatsächlich um ein sekundäres Geschlechtsmerkmal zu handeln –, von den Sachbilderbüchern reichlich befriedigt wird. Zugleich ist es aber auch schade, dass es kaum fantasievolle Geschichten gibt, in denen Autos mehr als eine Statistenrolle spielen. Als wüssten die Erzähler von Kinder-

geschichten nicht, dass Kinder gerade im Bilderbuchalter alle Dinge als beseelt ansehen und ihren Alltag mithilfe ihres magischen Denkens um Dimensionen bereichern, von denen wir Erwachsenen im wahrsten Wortsinn nur noch träumen können. Und da das Kraftfahrzeug in allen seinen Erscheinungsformen zu den Alltagsdingen gehört, die kleine Jungen am stärksten faszinieren, ist es kein Wunder, wenn sie auf alles begeistert anspringen, das ihnen mehr als nur Sachliches von Fahrzeugen erzählt. Der Erfolg der Fernsehserie um »Bob den Baumeister« etwa ist auch vor diesem Hintergrund verständlich.

Hier einmal neue Wege zu gehen bedeutet nicht zwangsläufig, aus dem Auto eine handelnde, sprechende und denkende Person zu machen; obwohl auch das ein reizvolles, risikofreudiges und wahrscheinlich sehr erfolgreiches Projekt wäre. Kate Banks und Georg Hallensleben jedenfalls haben sich anders entschieden. »Nachts auf der Baustelle« ist vollkommen realistisch und doch durchlässig für die Magie des Alltags. Der Text signalisiert das schon durch seine anziehende Mischung aus knappen, sachlichen Sätzen und warmen poetischen Bildern. Die amerikanische Autorin Kate Banks erzählt hier die Geschichte einer Arbeitsnacht, zu der der kleine Alex seinen Vater auf eine Großbaustelle begleiten darf. »Während Mama schläft« – seit je ein magischer Satz in Kindergeschichten –, fahren sie hin, wandern mit ihren Taschenlampen über das Gelände und schauen sich alles an. Alex darf auf einen großen Radlader steigen und eine Ladung Erde in einen Laster kippen. Dann fahren sie wieder nach Hause, der Junge legt sich ins Bett und schläft in den Morgen hinein. Das ist alles.

Georg Hallensleben aber erzählt mit seinen großzügigen, vitalen Acrylbildern, die wie ausladende Gemälde wirken, noch viel mehr. Er benutzt die Grundformen und -farben von Bauklötzen: Rot, blau und gelb leuchten die Bagger und Kräne, der Nachthimmel, der Baugrund. Wie Quader, Kegel und Kugeln verteilt Hallensleben die Gebäude, die wuchtigen Baggerschaufeln und die Helme der Bauarbeiter. Ein abgedecktes Leuchten liegt über der Szene, Scheinwerfer senden dichte, greifbare Lichtströme aus. Immer tiefer geht der Blick in das Fundament hinein, und die Hochhäuser droben umringen den Ort wie freundliche Wächter. Mit ihrem expressiven Schwung vermitteln die Bilder die Atmosphäre von Kraft und Künstlichkeit, die eine beleuchtete Baustelle an einem Winterabend verbreiten kann, wenn es ringsum dunkel ist und große Bauteile langsam durch die Luft gewuchtet werden. Zusammen mit Kate Banks' Worten wecken diese Bilder im Betrachter die Fantasie, die ganze Baustelle sei ein riesiges, geheimnisvolles Lebewesen.

Georg Hallensleben ist bildender Künstler, das sieht man den Baustellenbildern an. Sie könnten ebenso gut im Großformat an Wänden hängen, statt in einem Bilderbuch zu stecken. Nach dem Blättern hat man das Gefühl, ein großes Buch angeschaut zu haben, nicht eines im Normalformat, das es doch ist. Einzig mit den Menschen hat Hallensleben seine Schwierigkeiten: Die Gesichter des kleinen Alex und seines Papas wirken starr und viel weniger körperhaft-natürlich als die Maschinen, zwischen denen die beiden sich bewegen. Das ändert aber nichts an der Geborgenheit und Wärme, die aus den Bildern spricht. Ob es die Karosserie des Autos ist, das Fahrgehäuse des riesigen Radladers oder das tiefblaue Gewölbe des Nachthimmels – alles umfängt Alex wie eine Umarmung. Und die Arme seines Vaters sind es dann, die ihn nach Hause tragen, einen schläfrigen Jungen mit einem zufriedenen Lächeln auf den Lippen. Nach einer solchen Nacht ist die Welt zutiefst in Ordnung.

Eine ganz andere Nacht erleben in einem anderen Buch ein anderer Vater mit seinem Sohn: Wolf Erlbruch erzählt in »Nachts« (erschienen im Peter Hammer Verlag) von der nächtlichen Wanderung eines sehr wachen Kindes, das seinen müden Vater durch die Straßen zerrt und dabei aufregende Dinge sieht, die dieser gar nicht bemerkt. Die Vertrautheit zwischen Vater und Sohn ist hier ganz anderer Art, weil jeder in seine eigene Nacht versunken ist. Dennoch verstehen sie sich und bilden eine verschworene Gemeinschaft bei ihrer Wanderung durch geheimnisvolle Collagen mit Figuren, die nur Wolf Erlbruch aus der Nacht hervorholen kann.

Henriette Bimmelbahn
von James Krüss und Lisl Stich

Die Entscheidung, dieses Bilderbuch in die Liste der »50 Besten« mit aufzunehmen, ist so etwas wie eine Hilflosigkeitserklärung. Eigentlich hätte es hier nichts zu suchen: Es ist über vierzig Jahre alt und unverkennbar an seine Entstehungszeit gebunden, die Illustrationen von Lisl Stich sind hoffnungslos altmodisch, und es erzählt eine ganz entschieden naive Heile-Welt-Geschichte, die ohne jede Spannung daherkommt. Die gute alte »Henriette Bimmelbahn« von 1963 ist auf den ersten Blick der Prototyp des netten, realitätsfernen, harmlosen Bilderbuches der Nachkriegszeit, genau die Sorte Bilderbuch, die von den Erneuerern dieser Gattung wenige Jahre später vehement abgelehnt wurde. James Krüss, der den Realitäts- und Weltverbesserungswünschen der Kinderbuchvermittler dieser Zeit nie so recht entsprechen konnte – der Mann hatte, wie Michael Ende und Otfried Preussler, einfach zu viel Fantasie für derlei Begrenzungen –, zog sich denn auch schon früh auf die Kanarischen Inseln zurück. Dort schrieb er weiter seine fantasiegeladenen Kindergeschichten, und dort drechselte er weiter seine Verse, wie er das Dichten und Reimen nannte.

Aus diesem Grund ist »Henriette« mit dabei: Als Vertreterin der wirklich raren Bilderbücher, die eine Geschichte in wenigen, sehr einfachen, aber absolut passgenauen Reimen erzählen. Es ist, um auf die oben erwähnte Hilflosigkeit zurückzukommen, derzeit nichts Besseres in dieser Art zu finden. Das Reimen als Kunsthandwerk, speziell das Reimen für Kinder, ist den deutschen Autoren, Verlegern und Vermittlern seit den Siebzigerjahren kein Herzensthema gewesen. Einige taten es dennoch: Josef Guggenmos ist der große Solitär unter den Dichtern für Kinder, Franz Wittkamp wäre noch zu nennen, und Robert Gernhardt in seinen wenigen, kostbaren Kindergedichten. Doch Bilderbücher mit einer einzelnen, durchgereimten Geschichte sind aus diesen Werken kaum entstanden. Daher kommen viele Bilderbuchkäufer, die aus guten Gründen so etwas suchen, auf James Krüss und seine »Henriette Bimmelbahn« zurück. Sie wäre bestimmt längst vergessen, wenn sie nicht im Rhythmus seiner Reime durch ihre idyllische Landschaft zockelte. Denn für sich betrachtet ist die Geschichte dürftig: Eine freundlich lächelnde Dampflok-Bimmelbahn fährt ganz ohne Schienen über die Dörfer, sammelt Kinder ein, rollt weiter durch Wald und Feld, hält an einer Wiese an, wo die Kinder zum Klee- und Blumenpflücken ausschwärmen. Anschließend geht's wieder nach Hause, die Kinder werden von ihren Erwachsenen abgeholt und Oma und Opa freuen sich über Blumenstrauß und Klee (für die Kaninchen).

Lisl Stichs Bilder tragen zu der Atmosphäre der Harmlosigkeit und Einfalt bei, die ein solcher Handlungsverlauf hervorruft. Zwischen ihren mit Aquarellfarben ausgefüllten Federzeichnungen hat sie viel Raum freigelassen, so dass insgesamt ein luftiger, heiterer Eindruck herrscht. Die vielen Kinder machen in jeder Szenerie ähnliche Bewegungen, fast synchron, als folgten sie einer Choreographie. Das Ganze wirkt wie ein großer Kindergartenausflug mit derart braven Kindern, dass noch nicht mal eine Kindergartentante dabei sein muss. Henriette und der namenlose Lokomotivführer reichen völlig aus. Die beiden erinnern stark an Franz Josef Tripps Gespann Lukas und Emma aus Michael Endes »Jim Knopf und Lukas der Lokomotivführer«, das drei Jahre vor ihnen auf Reise ging und am Schluss ebenfalls eine brave Kinderschar mit sich führt (die Vorgeschichte ist allerdings denkbar verschieden).

Lisl Stichs Bilder waren es also auch nicht, die das Buch seit vielen Jahren in unzählige Kinderzimmer gebracht haben. Aber mit ihrer Gemütsruhe, der verschmitzten Freundlichkeit und den vielen sehr einmütig wirkenden Kinderchen tragen sie enorm zu einem Gesamtausdruck der Zufriedenheit mit der Welt bei, den James Krüss grundsätzlich anstrebte. Vervollkommnet hat er ihn – und das gesamte Buch – dann mit seinen Reimen. Sie machen die Geschichte einzigartig und haben bei vielen, die heute erwachsen sind, einen prägenden Eindruck hinterlassen. Zu jedem Bild gehört ein Vierzeiler, der beschreibt, was wir auf der gegenüberliegenden Seite sehen. Zum Teil ist diese Beschreibung wunderbar lautmalerisch: »Doch dann pfeift sie, und sie bimmelt, / rattert, knattert, dampft und faucht, / ruckelt, zuckelt, klappert, plappert, / bebt und bibbert, rollt und raucht.« James Krüss, der sich so ausführlich wie wohl kein anderer Kinderbuchautor seiner Zeit mit Kinderlyrik beschäftigt hat, achtete vor allem darauf, dass die Zeilen trotz ihrer Gebundenheit fließen und geschmeidig klingen, er achtete also auf ihre Vorlesbarkeit und auf das Auf und Ab der Stimme dabei. Nichts stolpert hier, im Gegenteil: Jede Silbe sitzt sicher, jeder Vers wirkt so, als reimte er sich ganz zufällig. Und das ist das Beste, was man über Kinderreime sagen kann.

Dennoch ist neben der schwungvollen, heiteren Form immer noch wichtig, was da mit so viel Taktgefühl erzählt wird, und hier liegt wohl doch auch ein Teil des Erfolgsgeheimnisses von Henriette. Das Buch erzählt von einem an keinen Plan gebundenen sommerlichen Kindertag in der durch die Natur rollenden Bimmelbahn. Erwachsene sind kaum dabei, aber runden am Ende das Geschehen ab, denn jedes Kind kehrt sicher wieder in ihre Arme zurück. Ein beschaulicher Ausflug ins Freie wird auf beschauliche Weise beschrieben – am schönsten in dem refrainartig sich wiederholenden Binnenreim »… bimmelt leise ihre Weise …«. Hier geht es einfach um einen rundum zufriedenen Tag, um nicht mehr und um nicht weniger. James Krüss suchte dieses Einverstandensein mit sich und der Welt, und er schrieb auch, um Kindern die Sehnsucht danach zu erfüllen. Die Gedichte, die er für seine berühmte Lyriksammlung »So viele Tage wie das Jahr hat« sammelte, hatten etwas gemeinsam, was Krüss auch für sein eigenes Werk wichtig war. »Alle diese Gedichte«, so schreibt er im Nachwort, »verbindet mithin das, was auch eine Volksmelodie, ein beliebiges Thema Mozarts und die Melodie eines geglückten Kinderliedes verbindet: der Glaube an die Welt, an das Leben, an den Menschen und an eine natürliche Harmonie zwischen den dreien.« Wenn dieser Glaube bei den vielen Kindern, die Krüss gerne lasen, ein wenig gestärkt wurde, dann hat Henriette leise bimmelnd ihren Teil dazu beigetragen. Und sie tut es immer noch.

Für Kuschelbären und ihre Liebhaber

Kleiner Eisbär, wohin fährst du?
von Hans de Beer

Lars ist inzwischen auch schon fast ein besetzter Name. Wer heute seinen Sohn so nennt, muss damit rechnen, dass alle anderen Kinder sofort an das kuschelige weiße Eisbärenkind denken und man ihm entsprechende Tassen, Spiele und Plüschtiere schenkt. Fernseh- und Kinofilme sowie geschicktes Merchandising haben den kleinen Eisbären weit über die Grenzen der Bilderbuchwelt hinaus bekannt gemacht. Dabei wäre er zuerst schon dort fast nicht hineingekommen. Die Bilderbücher vom kleinen Eisbären haben eine der märchenhaften Erfolgsgeschichten hinter sich, wie sie gar nicht so selten sind bei Büchern.

Der Niederländer Hans de Beer, noch nicht dreißig Jahre alt, hatte gerade sein Illustrations-Studium in Amsterdam beendet und versuchte nun seine Examensarbeit über einen gewissen kleinen Eisbären, der auf einer Eisscholle davontreibt, bei einem Verlag unterzubringen. Keiner wollte das Buch veröffentlichen. Da probierte de Beer es noch einmal auf der internationalen Kinderbuchmesse in Bologna und traf dort auf seine spätere Schweizer Verlegerin, die den Charme und die Möglichkeiten dieser schlichten und freundlichen Geschichte erkannte. So kam es, dass das Buch im Jahr 1987 zuerst auf Deutsch erschien. Inzwischen gibt es natürlich auch eine niederländische Version unter den Ausgaben in 26 Sprachen, in denen die Bücher über Lars bis jetzt gedruckt sind. An die zehn Millionen Mal sind sie verkauft worden. Und da die Filme fast noch beliebter sind als die Bücher, aber ihrerseits immer neue Leser generieren und Hans de Beer seinerseits immer wieder neue Episoden einfallen, wird sich diese Zahl gewiss noch beträchtlich steigern (lassen).

Was die Verlage zunächst zögern ließ, erwies sich gerade als anziehend für Kinder: die große Leere, die in diesem Bilderbuch herrscht. Der Ort der Handlung lässt es ja erst einmal nicht anders zu. Grau in grau ist das erste Bild von Lars und seinem Vater. In einer endlosen weißen Weite stehen sie, um sich herum große Schneeflocken – trotz der Kälte ein anheimelndes Bild friedlicher Zweisamkeit. Lars sitzt auf dem Rücken seines großen Vaters und schaut erwartungsvoll nach vorn. Natürlich wird etwas Aufregendes geschehen, aber nicht zu viel, signalisiert das Bild, und die Art, wie Hans de Beer uns die beiden zeigt, verspricht noch mehr: Auf diesem Eisbären kann man die Augen ausruhen. Für einen Illustrator, der neu auf den überfüllten und über-bunten Kinderbuchmarkt kam, war diese Reduktion auf sehr übersichtliche Flächen und wenige, nicht sehr leuchtende Farben mutig. Noch mutiger vielleicht war seine Entscheidung, zusammen mit diesen Bildern eine durch und durch nette Geschichte zu erzählen: die vom »Hänschen Klein«, das von zu Hause auszieht, die weite Welt kennenlernt, Heimweh bekommt und wieder zurückkehrt. Keine wirklich neue Geschichte, aber eine, die Zwei- bis Dreijährige lieben, weil sie sie als Mini-Drama fast täglich selbst erleben.

Leer und nett und dann noch nicht mal neu: Kann eine solche Geschichte kleinen Kindern tatsächlich so viel sagen? Sie sagt ja gar nicht viel. Lars wird auf seiner Eisscholle abgetrieben, kommt nach Afrika, findet Freunde, die ihm helfen, und kommt mit einem von ihnen wieder nach Hause zurück. Nun hat er auch einmal etwas zu erzählen: Das letzte Bild zeigt ihn von hinten, wie er auf dem Rücken seines Vaters davonzockelt, während über ihnen die bunten Dschungelpflanzen und -tiere schweben, von denen Lars gerade berichtet. Dies alles ist reichlich unrealistisch und oberflächlich; einer eingehenderen Befragung nach Logik und tieferem Sinn hält das Buch kaum stand. Aber darauf kommt es wohl in diesem Fall nicht an. Kinder müssen nicht immerzu etwas Bedeutsames lernen. Manchmal brauchen sie nur eine Projektionsfläche. Tiere sind hierfür besonders gut geeignet. Hier scheinen es zudem gerade die optisch und inhaltlich freien Räume zu sein, die den Betrachtern erlauben, sich mit Lars zu identifizieren und zugleich das Erleben des Eisbärenkindes mit eigenem Erleben zu füllen. Hans de Beer zeigt den kleinen Eisbären absichtlich oft von hinten – er hat also dieselbe Sicht auf die Welt wie sein Betrachter vor den Buchseiten. Und was er mit dieser Welt macht – sie anschauen, auf sie zugehen, sie erobern, sie sich einverleiben und sich wieder ins sichere Zuhause zurückziehen –, das kennen alle seine Altersgenossen unter den Menschen gut. Nur dürfen sie nicht ganz so weit hinaus. Dass er also einerseits genauso anhänglich ist wie sie, andererseits deutlich verwegener, macht seinen Reiz aus. Zusätzlich zu dem Reiz, den kleine Pelztiere immer ausüben. Vor allem, wenn sie weiß sind.

Vielleicht liegt es an dem immensen Erfolg, den Hans de Beer gleich mit dem ersten Buch hatte; jedenfalls bieten die weiteren Lars-Bände im Großen und Ganzen mehr desselben. In letzter Zeit sind verstärkt ökologisch korrekte Geschichten dabei, in denen Lars oder einer seiner Freunde sich als Retter und Helfer hervortun. Man muss nicht jeden Band kennen.

Für alle, die gern das letzte Wort haben

Karlchen geht einkaufen
von Rotraut Susanne Berner

Rotraut Susanne Berner hätte es nun wirklich nicht nötig gehabt, eine Tierfigur zu erfinden. Viele, leider zu viele Illustratoren haben ihre Schwierigkeiten mit dem Zeichnen von Kindergesichtern und -körpern, da ist es schon aus diesem Grund besser, wenn sie in die Tierwelt ausweichen. Doch Rotraut Susanne Berner gehört nicht zu ihnen. Seit vielen Jahren lässt sie die gewitztesten und anmutigsten Kinder durch die Buchwelt hüpfen. Eine Zeit lang sah man fast zu viel von ihnen; kaum ein Kinderbuchverlag, der seine Umschläge nicht von Berner gestalten ließ. Natürlich aus gutem Grund: Ihre Figuren haben immer Charakter, aber nie zu viel davon. Oft sind sie mit wenigen klaren, geraden Strichen gezeichnet und von freien Flächen umgeben, als schaffte dies Luft zum Atmen. Der Fantasie bleibt viel Freiraum. Außerdem ist ihre Grundstimmung stets positiv. Berners Kinder wirken meist heiter, offen und zutraulich, und selbst wenn sie traurig sind, ist es eine ruhige Traurigkeit. Mindestens mit einem Fuß stehen sie noch in einer ungetrübt heilen Welt. Ein Fuß allerdings, der in Schuhen mit Klettverschluss steckt, und auf dem Kopf hat das Kind eine Mütze, wie man sie nebenan auf dem Spielplatz sieht.

Genau wie Karlchen. Mit dem einen Unterschied, dass Karlchen ein kleines Kaninchen ist und kein Mensch. Warum? Weil er als

Kaninchenjunge noch mehr Freunde gewinnt unter den kleinen Kindern. Die können sich nämlich mit einem Tier in einer Geschichte – erst recht einem wie Karlchen – oft besser identifizieren als mit einem richtigen Kind. Es gibt da ein paar Ähnlichkeiten, die sich naturgemäß und glücklicherweise später verlieren: Kleinkinder sind noch überwiegend triebgesteuert und haben weder Zeitgefühl noch Ich-Bewusstsein entwickelt. Auch sie stehen gleichsam außerhalb der menschlichen Gesellschaft mit all ihren Normen und Regeln, die sie noch mühsam erlernen müssen. Daher ist ein Tier in einer Geschichte jedem Zwei- oder Dreijährigen zuverlässig sympathisch. Es bietet zudem eine größere Projektionsfläche als eine Kindfigur, die ja durch Eigenheiten wie etwa Alter, Geschlecht, Haut- und Haarfarbe von vornherein stärker festgelegt wäre und daher einschränkend wirken muss. Das ist auch der Grund, warum in den vielen als Bilderbuchgeschichten getarnten Ratgebern für Kinder so häufig Tiere die Hauptrollen haben: Wenn die ganze Person in die Tierwelt verschoben ist, bietet sie – gerade durch die Distanz – mehr Anreiz zum Nachahmen und eine breitere Grundlage zum Mitfühlen.

Besonders Karlchen. Er ist zwar ein kleiner Kaninchenjunge, aber als solcher einem Menschenkind so ähnlich, wie das nur möglich ist. Er ist noch weitaus stärker vermenschlicht als der berühmte »Peter Hase« von Beatrix Potter. Der trägt zwar eine schöne blaue Jacke und erlebt Abenteuer, deren Grundbestandteile Kinder kennen und schätzen. Aber er wohnt artgerecht in einer Höhle, lässt sich vom Gärtner jagen und frisst am liebsten Salat. Karlchen dagegen liebt zwar Möhren, aber damit ist seine Kaninchenhaftigkeit auch schon am Ende. Rotraut Susanne Berner hat mit viel Witz und Akribie eine Kaninchenwelt erschaffen, die ins Menschliche gleichsam umgezogen ist. So können wir besonders in »Karlchen geht einkaufen« die diversen Möhrchenprodukte bewundern, die der Kaninchensupermarkt bietet. Etwas größeren Kindern und auch den Erwachsenen wird es besonderen Spaß machen, all die Kaninchenspuren im Menschenleben (denn ein solches führt Karlchen mit seiner Familie) ausfindig zu machen.

Die Illustratorin hat mit dieser Kunstfigur also alle Voraussetzungen geschaffen, um Kindern die Identifikation zu erleichtern. Vermutlich steht hinter der Karlchen-Erfindung auch der Wunsch des Verlages, eine serienfähige Gestalt zu konstruieren, einen *Character,* wie die Filmleute eine Figur dann nennen, wenn sie nur noch wenig davon hat, dafür aber besonders massentauglich geworden ist. Das ist bei Karlchen glücklich misslungen. Er hat eindeutig zu viel Charakter, um zum *Character* zu taugen. Hier kommt etwas ins Spiel, das sich nicht konstruieren lässt und was auch mit dem Text zu tun hat (der hier, wie in den meisten besten Bilderbüchern, aus derselben Hand stammt wie die Bilder): die Ausstrahlung einer etwa dreijährigen Persönlichkeit. Man hat das Gefühl, dieses ganz bestimmte, einzigartige Karlchen persönlich zu kennen. Und wie das so ist bei Leuten, die wir persönlich kennen: Sie führen ein ganz normales Leben. Karlchen besteht alltägliche Abenteuer, die mit Suchen und Finden, Essen und Schlafen, Freunden, Spielen, Angst und Trost zu tun haben. Und er reagiert auf sie unspektakulär, aber eigenwillig – nicht immer logisch, manchmal auch rechthaberisch, insgesamt stets der Welt zugewandt. Kleinkinder lieben Wiederholungen, und sie mögen es auch, wenn eine Autoritätsperson bei kleinen Fehlern erwischt wird. »Karlchen geht einkaufen« bedient diese Vorlieben auf heitere und gar nicht hämische Weise. Am Ende ist es Karlchen, der an alles gedacht hat, nachdem sein Vater sich als ein unverbesserlich samstagmorgenmüder Schussel erwiesen hat.

Die Fröhlichkeit, die Karlchen auslöst, lebt vor allem in den Bildern. Die sind luftig; Figuren und Dinge wirken darin wie einzelne bunte Puzzleteile, die ungefähr ihren Platz gefunden ha-

ben, aber noch Bewegungsfreiheit behalten durften. Leuchtende, warme Buntstiftgrundfarben überwiegen, und alles ist vor einem chamoisfarbenen Hintergrund, der sanfter ist als ein kühles Weiß, klar konturiert. Besonders nahe kommt den kleinen Kindern Karlchens unbefangene Körperhaltung. Denn die ist der ihren ganz ähnlich: Jede Regung, sei es Neugier, Angst, Müdigkeit oder Erstaunen, drückt Karlchen mit dem ganzen Körper aus. Das nennt man Selbstvergessenheit. Noch etwas, was kleine Kinder mit Tieren gemeinsam haben.

Ob man nun »Karlchen geht einkaufen« oder eines der anderen Pappbilderbücher über Karlchen lieber mag, ist nicht so erheblich – Karlchen bleibt sich in allen vier Bänden treu, die es bislang gibt. Kinder, die sich an ihn gewöhnt haben, werden auch den Erzählungsband mit kurzen »Karlchen-Geschichten« (und kleineren Bildern) schätzen. Hier kommen seine Eigenheiten ausführlich zum Vorschein – und auch Rotraut Susanne Berners Begabung zu schreiben. Es sind im besten Sinne schlichte, alltägliche Erlebnisse, die jeder Dreijährige kennt, in einer zupackenden, knappen und warmen Weise erzählt.

Freunde
von Helme Heine

Dies ist kein Bilderbuch für Individualisten. Dennoch geht es hier um das persönliche Glück. Helme Heine besingt die Freundschaft – in den heitersten, wärmsten, sonnigsten Tönen, die einem Bilderbuch zu Gebote stehen. Und der Refrain, der in diesem Loblied immer wiederkehrt, geht sogar noch weiter: »Denn richtige Freunde …« fängt er mehrfach an, und dann kommt etwas, was richtige Freunde gemeinsam tun. So ist es nicht nur ein Lob der Freundschaft, sondern auch der Gemeinschaft und der Symbiose. Dieses Lied singt Helme Heine mit einer Intensität, die nicht dröhnt, sondern flirrt wie das goldgelbe Kornfeld im Sommerwind, vor dem unsere drei Meisterfreunde auf ihrem Fahrrad über das Titelbild sausen.

Johnny Mauser, der dicke Waldemar und Franz von Hahn, so heißen die drei Bewohner eines netten kleinen Bauernhofes irgendwo auf dem Lande, die mit diesem Buch berühmt wurden. Zusammen mit ihnen wurde ihr Schöpfer Helme Heine erst richtig bekannt, obwohl er auch zuvor schon eigenwillige Bilderbücher herausgebracht hatte, darunter die wunderschöne Schweine-Matsch-Hochzeitsgeschichte »Na warte, sagte Schwarte«. Nach den »Freunden« reichte Helme Heine noch einige Abenteuer des liebenswerten Trios hinterher – auch der Versuch einer Fernsehserie blieb nicht aus –, aber keines der Folgebücher wurde so oft verkauft, verschenkt und gelesen wie dieser »Ur-Text« einer unverbrüchlichen Freundschaft mit seinen Bildern einer perfekten Idylle.

Wahrhaft freundschaftsstiftend sind ja nicht die Highlights des Lebens, sondern gemeinsame Erlebnisse im Alltag. Die können aufregend sein, wenn es sich ergibt, aber meistens sind sie ganz profan. Daher passiert in diesem Buch nicht viel. Wir erleben nichts weiter als einen ganz normalen Sommertag im Leben der drei Tiere, der mit dem Wecken im Stall anfängt und dem Schlafengehen aufhört. Dieser Tag wird gemeinsam begonnen und – zumindest versuchsweise – gemeinsam beendet, und alles dazwischen geschieht selbstverständlich ebenfalls gemeinsam, einschließlich der Erledigung gewisser Geschäfte nach dem Genuss von einem Berg Kirschen. Da die drei offenbar keine Arbeitstiere sind und von niemandem kontrolliert werden, erleben wir mit ihnen einen veritablen Ferientag mit Fahrradausflug, Versteck- und Seeräuberspielen, Kirschenpicknick und abendlicher Heimkehr: »Bald wurden die Schatten länger als sie selbst, und sie fuhren nach Hause.« Im Fahrtwind wehen Hahnenkamm, Ringelschwänzchen und Mauseohren – schon allein die Technik der Freunde, zu dritt Fahrrad zu fahren und dabei sehr routiniert dreinzuschauen, hat viele begeistert.

Helme Heine hat den schönen Tag der drei mit seinen Aquarellzeichnungen als pure Idylle inszeniert. Die Bilder sind lichtdurchflutet, und da die Freunde ihren Tag draußen verbringen, sehen wir weite Himmelflächen, Wasser, Wind und Wolken und dazwischen eine ganze Doppelseite voll wogendem Gras. Alles strahlt Helligkeit und Licht aus; selbst die Abendszene hinter dem Hühnerstall, wo die drei sich ewige Freundschaft schwören, findet vor einem perlfarben schimmernden Sonnenuntergangshimmel statt. Trotz all der ausdrücklichen Schönheit wirken die Bilder aber nicht süßlich. Dafür sorgt eine leicht ironische oder auch komische Note in der Charakterisierung der Figuren, die cartoonhafte Züge tragen. Wie sich Franz von Hahn beim Versteckspielen im Teich um eine entenhaft würdige Kopfhaltung bemüht, das belustigt die Erwachsenen und lässt Kinder ein wenig mitsuchen (bis sie Waldemar gefunden haben, dauert es noch länger). Auch die unlogische Aufstellung der drei beim Kirschenpflücken verhindert das Schwelgen in der Idylle. Besonders aber der Schluss unterhöhlt die Botschaft vom ewigen Zusammensein-Müssen. Sie löst sich in Gelächter über die Missgeschicke der drei Helden auf, die unbedingt auch noch gemeinsam übernachten wollen und dreimal feststellen müssen, dass das nicht geht. Kinder hätten ein kuscheliges Dreierbett der Freunde nach einem so harmonischen Tag gewiss auch gerne noch mitgenommen. Für Dreijährige, die vielleicht gerade im Kindergarten die berühmten Sandkastenfreundschaften schließen und dabei auch die Erfahrung machen, dass es Freunde gibt und andere Kinder, ist die entschiedene Harmonie dieses ungleichen Trios wichtig. Aber Erwachsene wissen zu schätzen, dass es auch kleine, feine Brüche gibt.

Sie waren es übrigens, die dieses Buch in großer Anzahl unter die Kinder und Leute brachten. Es erzählt nämlich nicht nur die Geschichte einer wunderbaren Freundschaft, sondern war auch selbst, als es 1982 erstmals erschien, die Verfestigung einer wunderbaren Freundschaft zwischen den Erwachsenen und den Bilderbüchern, die seitdem immer inniger wurde. Janoschs kleiner Tiger und kleiner Bär mit ihrer Sehnsucht nach Panama

(s. S. 169) hatten den Startschuss gegeben für die Mode, sich gegenseitig Bilderbücher zu schenken, auch wenn man längst kein Kind mehr ist. Die »Freunde« lieferten endlich Nachschub für alle, die ihren Janosch auswendig kannten. Und sie sind nach wie vor einer der besten Gründe, sich dieser Mode anzuschließen, und sei es nur ausnahmsweise.

Für Kinder, die ihr Kuscheltier immer wiederfinden wollen

Murkel ist wieder da!
von Ingrid und Dieter Schubert

Das ist mal wieder typisch für die vorsichtige Art, mit der die Deutschen Bilderbücher machen: Während die niederländische Originalausgabe dieses Buches einfach nur »Monkie« heißt, ist im deutschen Titel von vornherein eine Beruhigung eingebaut. »Murkel ist wieder da!« nimmt damit das Ende vorweg; genauso gut hätte man auch »Keine Sorge, alles wird gut!« auf das Umschlagbild schreiben können. Dabei wäre das bei diesem Bild wahrhaftig nicht nötig, denn es zeigt schon die Beruhigung: Wir sehen Murkel, den kleinen Kuschelaffen, wie er von seinem Kind im Handwagen fröhlich spazieren gefahren wird. Den Namen des Kindes erfahren wir nicht – es könnte jedes kleine Kind sein, und jedenfalls immer genau das, das dieses Buch anschaut.

Was mit Murkel passiert, geht alle Kinder an. Es gibt deshalb auch viele Variationen der alten Geschichte vom Verlieren und Wiederfinden im Bilderbuch. »Murkel ist wieder da!« erzählt sie aber auf besonders einfache, liebenswerte und zugleich sehr genaue Weise. Dabei steht nicht das Kind im Mittelpunkt, sondern der kleine, schon reichlich zerliebte Schlenkeraffe – ein weiterer Grund, nur ihm einen Namen zu geben. Zwar ist das Verstecken ein Spiel, das alle Kinder bereits als Babys lieben – vorausgesetzt, derjenige, der sich versteckt, lässt sich sehr schnell wiederfinden oder taucht von selbst sofort wieder auf. Das andauernde Verschwinden eines geliebten Spieltieres aber ist schon eine ernstere Sache. Denn ein ausgewähltes Kuscheltier, das dem Kind von allen Spielsachen am liebsten ist und immer neben ihm schläft, ist eine Art Mama- und Kind-Ersatz zugleich. Die Mama muss es beispielsweise beim Schlafen ersetzen, oder wenn das Kind Trost braucht und sonst gerade niemand da ist. Gleichzeitig kann das Kind es selbst bemuttern, es versorgen und sich darum kümmern und – ganz wichtig – eigene Bedürfnisse als die des Tieres anmelden. Als es am Anfang unseres Bilderbuches heißt: »Ja, Murkel soll auch mit zum Entenfüttern«, wird der Affe noch schnell aus seinem kuschelig zurechtgemachten Schuhkarton-Zuhause unter einem Stuhl hervorgeholt. Später wird er fürsorglich in Sicherheit gebracht, als die Gänse frech werden.

Und dann verschwindet er. Der Schrecken darüber, dass ein geliebtes Kuscheltier verschwinden kann, ist jedem Kind vertraut, wenn auch oft nur als Möglichkeit. Aber was das Tier in der Trennungszeit erlebt, darüber macht man sich in der eigenen Not schon weniger Gedanken. Ingrid und Dieter Schubert geben dieser Phase der Geschichte ausführliche Bilder und ändern grundlegend die Perspektive: Murkel war vorher immer ein Kleinteil im Bild, man musste ihn geradezu suchen. Nun, da er die Hauptperson und ein vogelfreier Abenteurer ist, füllt er ganze Seiten aus – auf denen man ihn wiederum nicht gleich herausfindet, da er jetzt so groß ist. Inmitten der Gesellschaft der kleinen Tiere, in die er gerät, ist er ein stummer, schlaffer, immerzu grinsender Riese. Eine Mäuse- und eine Igelfamilie nutzen diesen Riesen für ihre Zwecke, und sie ramponieren ihn mit einer Gründlichkeit, von der Kleinkinder noch etwas lernen können. Eine Elster gibt ihm anschließend den Rest, bevor er in den Teich fällt. Da kommt selbst bei Betrachtern, die einen recht robusten Umgang mit ihrem eigenen Kuscheltier pflegen, Mitgefühl auf. Mit großer Befriedigung verfolgen sie die nachfolgende Rettung und Wiederherstellung und mit noch größerer Erleichterung die Wiedervereinigung des Abenteurers mit seinem Kind. Die findet statt, nachdem beide Sehweisen zusammenkamen, getrennt durch eine Glasscheibe: Erst sehen wir alles aus der Perspektive des Affen, von innen, und danach von außen, als sein Kind ihn im Schaufenster des Puppendoktors entdeckt. Da hat Murkel wieder sein Kuscheltier-Kleinformat. Und obwohl alles sehr zügig erzählt wurde, ist doch inzwischen ein ganzes Jahr ins Land gegangen.

Verlieren, Suchen, Wiederfinden auf der einen Seite, Verlorengehen, Abenteuer erleben, Heimkommen auf der anderen – das sind beides wesentliche Erfahrungen, wenn man größer wird. Sie bedeuten Trennung und damit einen Schritt in die Unabhängigkeit. Die Bilder, die das Bilderbuchkünstler-Paar Ingrid und Dieter Schubert dafür gefunden hat, sind besonders verständlich und liebenswert, weil sie sich auf die genaue Beschreibung beschränken und den Betrachter an keiner Stelle manipulieren wollen. Es sind sehr naturalistische Tageslichtbilder, betont unauffällig, auch in der Farbgebung, die ein wenig blasser ist als die Natur. Ingrid und Dieter Schubert arbeiten schon seit vielen Jahren in diesem präzisen, unprätentiösen Stil, und sie gehören zu den ganz wenigen Bilderbuchillustratoren, die Kinder wie Kinder darstellen können, mit ihren selbstvergessenen Körperhaltungen und ihren stupsnasigen Gesichtern, die weder zu künstlich noch zu pausbäckig wirken und immer ganz eindeutig jung sind. Von der gleichen Entschiedenheit zum Realismus ist auch der sehr knapp gehaltene Text. Es ist kaum mehr als die Stimme eines Mit-Beobachters, ein Gesprächsangebot, während man das Geschehen verfolgt. Es gehört große Stilsicherheit dazu, in Text und Bild eine solche Zurückhaltung und Einfachheit an den Tag zu legen. Umso mehr können die Betrachter und Vorleser mit diesem Buch anfangen.

Wer mehr von dem versierten Bilderbuchmacherpaar sehen will, findet im Programm des Sauerländer Verlages bei Patmos eine reiche Auswahl. Besonders die Geschichten von Bär und Igel sind zu empfehlen. »Irma hat so große Füße« erzählt auf amüsante Weise vom Zähneputzen und davon, anders, aber darum nicht schlechter zu sein als andere. Eine hervorragende Idee war es auch, Ingrid und Dieter Schubert mit der Illustration einer Kinderbibel zu beauftragen. Ihre lebhaften Bilder bringen die Bibelgeschichten Kindern besonders nahe (»Die Kinderbibel« von Eckard zur Nieden, R. Brockhaus Verlag, Wuppertal 1993).

Für alle, die ihr Kuscheltier lieben wie sich selbst

Olivia und das verlorene Kuscheltier von Ian Falconer

Im Gegensatz zu den drei Freunden bei Helme Heine (s. S. 60) ist das Schweinemädchen Olivia eine ganz ausgeprägte Individualistin. Schon drei Bände sind über sie erschienen, aber ein Freund oder eine Freundin kommt in keinem vor. Immerhin treibt sie einen Mannschaftssport: Fußball. Aber auch dort will sie auffallen: Im dritten Band, um den es hier geht, verlangt sie sogar von ihrer Mutter ein rotes Fußballtrikot, um sich vom Rest ihrer Mannschaft zu unterscheiden, die gewöhnlich in Grün trainiert. Und da ein Schweinekind wie Olivia daran gewöhnt ist, seinen Willen erfüllt zu sehen – ihre rabiaten Durchsetzungsmethoden kann man schon auf dem Vorsatzblatt beobachten –, sitzt ihre Mutter noch am selben Nachmittag an der Nähmaschine und näht ihr das Ausnahmetrikot aus leuchtend rotem Stoff. Der Moment der Übergabe aber, eine unaufmerksame Sekunde, löst die Krise aus, vor der alle Eltern zittern, deren Kinder ein geliebtes Kuscheltier haben: In diesem Moment verschwindet Olivias Schnuffel!

Da dies ein eindrückliches Erlebnis ist, gibt es immer wieder Kindergeschichten über verschwundene Kuscheltiere, etwa die vorausgegangene von Murkel (s. S. 64). Sie sind in der Regel herzergreifend und enden mit der Wiederauffindung des zerliebten Plüschwesens, das nach seiner kleinen Odyssee noch zerrupfter als zuvor, aber insgesamt unversehrt in die Arme des Kindes zurückkehrt, nachdem die ganze Familie voller Anteilnahme an der Suche mitgewirkt hat. Keine dieser Geschichten aber ist auf so ungerührte, geradezu coole Weise dramatisch wie diese von dem amerikanischen Zeichner und Cartoonisten Ian Falconer. Mit jedem Strich, jeder Linie und jedem Wort traut er seiner Heldin zu, die Sache alleine zu regeln. Und das tut sie auch. Die nichterwachsenen Mitbewohner zittern vor ihren Nachforschungen – speziell dem nächstkleineren Bruder Ian ist der Schrecken ins Gesicht geschrieben, und der Katze geht es auch nicht gut.

Höhepunkt des Dramas ist der kleine Moment vor Schnuffels Auffindung oder, besser, vor der Auffindung seiner noch zusammennähbaren Überreste. In diesem kleinen Moment davor sehen wir nur den riesigen Schatten eines geifernden Untiers, vom Gewitterlicht dräuend an die Wohnzimmerwand geworfen. Davor die nun doch leicht eingeschüchterte Olivia mit flackerndem Kerzenlüster. Sehr dramatisch. Da die Seite ausklappbar ist, kann man diesen Moment nach Belieben ausdehnen; Ian Falconer hat die Regie in die Hände des Betrachters gelegt. Es gibt kleine Kinder, die genau wissen, dass nach dem Ausklappen nur Olivias kleiner Hund dasitzt und fröhlich hechelnd den kaputten Schnuffel präsentiert. Dennoch ertragen sie den Moment des Umklappens der Seite kaum. So gut hat Ian Falconer ihn inszeniert. Der Genuss dieser Spannung ist einer der Gründe, warum Kinder das Buch wieder und wieder betrachten wollen, wenn auch vielleicht nicht direkt vor dem Schlafengehen. Der Rest der Geschichte ist pure Theatralik: Natürlich versteht Olivia die Sache für sich auszuschlachten. Aber sie zeigt sich auch als verantwortungsvolle Schnuffel-Mami und als jemand, der verzeihen kann.

Das selbstbewusste Schweinemädchen wurde in Deutschland zwar berühmt, aber längst nicht in dem Ausmaß wie in seinem Heimatland USA, wo es die üblichen Tassen und Kinderzimmervorhänge mit ihrem Konterfei gibt. Dass es bei uns nicht so weit mit ihr gekommen ist, mag an der kühlen und reduzierten Ästhetik liegen, mit der Ian Falconer sie uns präsentiert. Vielleicht hat Olivia selbst hier und da noch niedliche Momente, vor allem, wenn sie gegen irgendetwas aufbegehrt. Aber ihre häusliche Umgebung ist karg, die Räume fast leer – ein Ort, an dem Erwachsene wohnen, die sich auch für andere Dinge interessieren als für das, was ihre Kinder wichtig finden. Unterstützt wird diese Niedlichkeitsabstinenz auch von der Farbgebung des Buches, das mit wenigen starken Farben auskommt, darunter viel Rot und

Schwarz. Deutlich erkennbar befindet sich Ian Falconer nicht in der Kinderwelt, zu der sich viele andere Illustratoren herablassen, sobald sie anfangen, für Jüngere zu arbeiten. Auch mit Olivia bleibt Falconer seinem Stil als Cartoonist des »New Yorker« treu. Dass er die Wirkung von Worten kennt, zeigt auch seine Typografie, die stets Olivias Stimmung widerspiegelt.

Deshalb steht ihr Name in riesigen roten Lettern vorne auf dem Umschlag. In den Siebziger- und Achtzigerjahren wurde vehement ein neuer Mädchentyp für die Kinderliteratur gefordert, und er kam dann auch: das mutige Mädchen. Viele Bilderbücher zeigen sie uns: aufmüpfig, heldenhaft, gerne rothaarig, politisch korrekt bis zum Anschlag und meistens aus all diesen Gründen zusammen enorm langweilig. Und nun, nachdem die Rufe verhallt sind und wir genug von all den quirligen Prinzessinnen und kleinen rothaarigen Hexen haben, die sich allesamt so vorhersagbar gegenläufig zum Rollenklischee verhalten und somit ein neues bilden, kommt Olivia. Sie ist die burschikose New Yorker Wildsau von heute, gesegnet mit einer ganz normalen Mittelklassefamilie, ohne große Probleme, aber dafür charakterstark, rabiat, entscheidungsfreudig und immer an einer Lösung in ihrem Sinne orientiert. Als Prototyp also gar nicht schlecht. Um solche Schweine und Kinder macht man sich so schnell keine Sorgen.

Für alle, die keine Hosenscheißer mehr sind

Vom Maulwurf, der wissen wollte, wer ihm auf den Kopf gemacht hat von Werner Holzwarth und Wolf Erlbruch

Wenn es einen Künstler gibt, der seit mehr als zehn Jahren allgegenwärtig und bestimmend ist in der Welt der anspruchsvollen Bilderbücher, dann ist das Wolf Erlbruch. Gegen seinen eigenen Willen. Nach einer Phase, in der ein Bilderbuch auf das nächste folgte, eines detail- und materialverliebter gestaltet als das vorige, zog sich Erlbruch für eine Weile zurück und arbeitete nicht für Kinder. Umso mehr taten es die anderen. Es erscheinen jedes Jahr dutzende von Titeln, die – gewollt oder ungewollt – seine Handschrift tragen. Die Collage, die schrägen Bildaufteilungen und teilweise grotesk in ihren Proportionen verzerrten Gestalten sind durch Erlbruch zu einer regelrechten Mode geworden. Und da diese Handschrift so erkennbar und eigenwillig ist, weisen sämtliche Variationsversuche doch wieder auf ihren Erfinder zurück. Es scheint fast unmöglich, mit dieser Illustrationstechnik etwas Originelles zu schaffen, wenn man nicht Wolf Erlbruch heißt. Möglicherweise wird man später einmal von einer Erlbruch-Ära sprechen, die grob in den Jahren seit 1990 anzusiedeln ist und mit Macht die Zeit ablöste, in der Künstler wie Janosch, Leo Lionni und Helme Heine das Gesicht des Bilderbuchs prägten.

Mit dem kleinen Maulwurf fing es an. Zwar hatte Erlbruch zuvor schon ein Bilderbuch illustriert und mit ihm seine Verbundenheit zum Peter Hammer Verlag begründet, doch mit Werner Holzwarths Geschichte vom Maulwurf, der mit einer Hunde-Kackwurst auf dem Kopf herumläuft und empört nach deren Erzeuger sucht, fand er zum ersten Mal ein begeistertes größeres Publikum. Unter den Kindern. Sie sorgten zunächst mehr für die Verbreitung des Titels als die erwachsenen Vermittler, denen das Thema ein bisschen peinlich war. Ein ganzes Bilderbuch nur über die unterschiedlichen Ausscheidungen einiger Tiere? Die Buchhändlerinnen bestellten nur zögerlich. Als aber dann das eine Exemplar, das sie zu ordern gewagt hatten, vorhanden war, ging die Lawine los. Jeder Verkauf des Buches zog drei neue Bestellungen nach sich, weil es unter den Kindern solche Begeisterung auslöste. Es dauerte nicht lange, dann lag der »Maulwurf« stapelweise in der Kinderbuchabteilung, gab es ihn im handlichen Kleinformat, als Hörspiel-CD mit Liedern – inzwischen wurde das Buch etwa 1 350 000 Mal weltweit verkauft, davon in Deutschland fast 900 000-mal.

Woher kommt nun also diese Freude über das Buch? Zum einen liegt es tatsächlich am Thema. Kinder im Bilderbuchalter beschäftigen sich gerne mit analen Dingen, auch und gerade dann, wenn sie schon über die so genannte Analphase hinaus sind. Sie wissen, wie wichtig die Angelegenheit ist, haben aber schon verinnerlicht, dass sie mit einem Tabu behaftet ist. Geschichten, in denen die Toilette eine Rolle spielt und vielleicht auch noch abgebildet ist, erregen daher zuverlässig ihre Aufmerksamkeit und ihr Kichern. Und wenn es wie hier um die Verdauungsresultate der Tiere geht, die einfach so in die Wiese, auf den Boden oder eben auf einen Maulwurfkopf machen, wie sie selbst es natürlich nicht dürfen, freut es sie noch mehr. Weiter ist es für Forschernaturen, die Kinder meistens sind, interessant, wie unterschiedlich die Ausscheidungen der Tiere ausfallen. Der Maulwurf verdächtigt jedes Tier, das ihm begegnet, und jedes verteidigt sich mit dem Verweis darauf, dass die Sache bei ihm ganz anders aussieht: »Ich? Nein, wieso? – Ich mach' so!«, ist die immer wiederkehrende Antwort. Zum Beweis hinterlassen sie alle ihre Spuren, direkt vor des Maulwurfs Nase. Werner Holzwarths Text wird an dieser Stelle stets sehr bildhaft. Er findet die genau treffenden lautmalerischen Ausdrücke (»platsch«, »rumpsdipumps«, »ratatata«), Verben (es klatscht, plumpst und purzelt) und Bezeichnungen (je nach Tier sind es Fladen, Kleckse oder Böhnchen), ohne jemals einen Fäkalausdruck bemühen zu müssen.

Der andere Grund für die Popularität des Maulwurfs liegt in seiner sympathischen Figur wie überhaupt in der klaren, lebhaften Illustration der Tier-Szenen. Erlbruch ist hier noch sehr direkt, vergleichsweise grob in seiner Darstellung. Keine Rätsel, keine Zitate oder collagierten Schnipsel, die subtil auf ganz andere Welten verweisen. Es geht ja auch um ein sehr irdisches Thema. Der Maulwurf, obwohl er einen runden, plumpen Körper hat, wirkt beweglich und wandert schwungvoll von Tier zu Tier (auch die Wurst auf seinem Kopf hat einen dazu passenden, nahezu eleganten Schwung). Die anderen Tiere sind nie vollständig abgebildet, sie sind zu groß für das längliche Buchformat, riesig auch neben dem empörten Maulwurf. Ihn sehen wir immer ganz, und sein Ingrimm verleiht ihm die Autorität eines Inquisitors. In jeder seiner Bewegungen steckt Charakter, jeder Pfotenschwung zeigt seine Stimmung. In einem Interview sagte Erlbruch einmal, ihn interessierten Geschichten, in denen die Helden ein wenig neben der Spur sind. Diesen interessanten Ausnahmezustand sehen wir seinem Maulwurf stets an. Genau wie am Schluss, als der Übeltäter gefunden ist, die Befriedigung der Rache in Form einer körperlichen Maulwurf-Erleichterung (»pling«) aus jedem einzelnen Zeichenstrich spricht.

Der große Erfolg des kleinen Maulwurfs ließ andere Verlage mutiger werden. Seit kurzem gibt es eine ganze Reihe witziger und informativer Sachbilderbücher, die sich mit allen erdenklichen Körperausscheidungen beschäftigen. Allen voran zu empfehlen ist Pernilla Stalfelts »So ein Kack!«, erschienen 2005 im Moritz Verlag.

Für alle, die vor dem Schlafengehen gerne noch mal so richtig aufdrehen

Noch zehn Minuten, dann ab ins Bett!
von Peggy Rathmann

Der Titel täuscht gewaltig: Glaube niemand, dass er mit diesem Bilderbuch in zehn Minuten fertig ist! Es soll Kinder geben, die es halbe Stunden lang betrachten und über Wochen kein anderes Buch anrühren. Zum Glück ist es eines von der Sorte, die Erwachsenen erst etwa ab dem fünfundsiebzigsten Mal Vorlesen auf die Nerven gehen. Wobei »Vorlesen« nicht ganz der richtige Ausdruck ist für all das, was man tut, während man die Seiten umblättert: Suchen vor allem, Finden, Zählen, Kombinieren, Zurückblättern, Staunen, Kichern. Und Erzählen: Die Geschichten sind alle vorhanden, aber man muss sie erst erkennen und den Text dann selbst dazu liefern. Wie lange es dauert, bis man auch die kleinsten Seitenstränge der Story ausfindig gemacht hat, darüber dürften sich auch sehr versierte Bilderbuchbetrachter wundern.

1998 in den Vereinigten Staaten erschienen, ist das Buch erst 2003 in Deutschland herausgekommen. Die hiesigen Verleger fürchteten, mit dem luftig-lustigen Illustrationsstil bei den deutschen Buchkäufern keinen Anklang zu finden. Als es schließlich erschien, nahm niemand größere Notiz davon; auf den ersten Blick wirkt es nur wie ein weiteres buntes Einschlafbuch, und auf den zweiten höchstens wie ein besonders nettes weiteres buntes Einschlafbuch. Dennoch ist sein Siegeszug in die Kinderzimmer ähnlich unaufhaltsam wie der Einzug der Hamstertouristen in das

Leben des kleinen Jungen, von dem das Buch erzählt. Und genau wie die Hamster-Erlebnistour durch sein Abendprogramm findet auch die Verbreitung des Buches gleichsam hinter dem Rücken der Erwachsenen statt. Die Kinder haben einen heimlichen Bestseller aus ihm gemacht. Inzwischen gibt es neben der großformatigen Ausgabe eine kleinere mit festen Pappseiten. Es könnte nicht mehr lange dauern, dann bevölkern diese Hamster jedes Haus, in dem es kleine Kinder gibt. Den Kindern wäre das jedenfalls zu wünschen.

Wenn die erwachsenen Vermittler, die Kritiker vor allem, dieses Bilderbuch fast unbemerkt an sich vorüberziehen ließen, dann liegt das daran, dass ihm ein paar Eigenschaften fehlen, die Erwachsene an Bilderbüchern mögen. So transportiert es weder eine klar erkennbare Botschaft noch stellt es sonstige ernsthafte Ansprüche an den Betrachter. Auch ist die Illustration ein wenig zu bonbonbunt und comic-artig, um das Buch als künstlerisch wertvoll einzustufen. Es zeigt klare Farben und Konturen, Sprechblasen, die im Comic üblichen Zeichen für Bewegungen, niedliche Hamster und einen plakativ umrissenen kleinen Jungen mit etwa demselben begrenzten mimischen Ausdrucksspektrum wie dem einer beliebigen Zeichentrickfigur aus Japan – nichts vom subtilen, abstrahierenden, schrägperspektivischen, mischfarbigen und tiefsinnigen Illustrationsstil, der derzeit in Deutschland die Bilderbuchexperten begeistert. Dass hinter dem immer bunter und dichter werdenden Hamstergewusel ein generalstabsartiger Plan steht, dessen Erstellung und Erfüllung schon eine eigene künstlerische Leistung darstellt, erkennt man zunächst nicht. Die Leichtigkeit, mit der das Buch nichts von seinem Betrachter will, macht es den Erwachsenen schwer, es einzuschätzen. Tatsächlich ist das ganze Buch nichts als eine einzige Einladung, sich zu vergnügen. Dass dieses Vergnügen umso größer wird, je genauer man hinschaut, ist wiederum eine Erkenntnis, die niemand den Kindern eintrichtern muss; ihr eigener Spaß an der Sache bringt es ihnen bei.

Das Insbettgehen mit seinen feststehenden Stationen und Ritualen ist ja für viele Kinder ein Drama, und warum sollte dieses

Drama nicht einmal auch Zuschauer haben? »Hamstertours« jedenfalls bietet eine solche Begleitung als Reise in die Nacht, zehn Minuten in zehn Akten, als Countdown heruntergezählt von der Papastimme aus dem Off. Je weniger Zeit dabei bleibt, desto mehr passiert auf den Seiten. In letzter Minute liegt der Junge in der Badewanne, als hätte er alle Zeit der Welt, umtost von einem Hamsterbadetreiben wie am belebtesten Strand von Mallorca zur

Hauptsaison. Und als er endlich im Bett liegt, haben die gänzlich ausgeflippten Besucher sein Schlafzimmer in einen Rummelplatz verwandelt. Schwer zu entscheiden, was mehr Spaß macht: die minütlich steigende Hamsterüberflutung des friedlichen Kinderabends zu beobachten oder die Bewegungen der zwölfköpfigen Hamsterfamilie zu verfolgen, die nicht mit den Pauschaltouristen wieder abzieht, sondern zum Bleiben gekommen ist. Wahrscheinlich Letzteres. Denn sie sind Individualreisende: Jedes der zehn Hamsterkinder hat seine eigene Spezialität, der es auf jeder Doppelseite mit viel Elan und Fantasie nachgeht. Und dann sind da noch diverse Accessoires mit einem Eigenleben, die Hausschuhe zum Beispiel. Von der Ameise ganz zu schweigen, die mit den Hamstern über die Türschwelle krabbelte. Wie gesagt, das Anschauen dieses Buches braucht seine Zeit.

Eltern, die ihren Kindern abends etwas Beruhigendes vorlesen möchten, werden befürchten, dieses Buch heize die Kinder zu sehr auf. Tatsächlich kann man nicht behaupten, dass es ein Einschlafbuch von der einlullenden Sorte ist. Aber Eltern haben nicht immer Recht. Sie spielen auch in dieser Geschichte keine maßgebliche Rolle. Der Papa des kleinen Jungen war immer nur der Stichwortgeber; er hat nicht die geringste Ahnung, was im Zimmer seines Sohnes los war, Sekunden, bevor er zum Gute-Nacht-Sagen hereinschaut. Auch für die Hamsterkinder sind ihre Eltern nichts als Randbegleiter, die ein wenig Service bieten. Der Spaß findet ohne sie statt und er ist riesig und erschöpfend. Am Ende schlummern alle tief und fest. So wird es auch den kleinen Lesern gehen. Denn Kinder, die kurz vor dem Insbettgehen noch einmal richtig lachen konnten, schlafen besonders gut.

Für alle, die beim Schlafengehen gerne richtig zur Ruhe kommen

Schlaf gut, kleiner Bär von Quint Buchholz

Dieses Bilderbuch ist wie ein schlichtes Abendlied. Es hat eine eingängige, nicht zu lebhafte Melodie. Sein Rhythmus rüttelt nicht auf. Er beruhigt, schläfert aber nicht unmittelbar ein. Ein Wiegenlied ist es nicht, denn es erzählt noch von der Welt außerhalb des Schlafraums – vom vergangenen Tag und den Erlebnissen, die er mit sich brachte, vom nächsten Tag, der nach der Nacht folgen wird, und von neuen Abenteuern. Es ist unendlich beschaulich, und man würde es gerne wieder und wieder summen, wenn es Noten hätte. Stattdessen hat es Bilder.

Dieses gemalte Abendlied stammt von einem der produktivsten und populärsten Umschlaggestalter und Illustratoren der deutschen Verlagslandschaft, von Quint Buchholz. Seine Bilder gibt es inzwischen als Postkarten, als Kalender, als Poster und als Lesezeichen. Wer eines von ihnen kennt, erkennt meist auch die anderen. Abgesehen davon, dass Buchholz einen unverkennbaren Zeichenstil mit einer eigens entwickelten Technik hat, zeigen seine Bilder ähnliche Motive und vermitteln ähnliche Stimmungen. Oft sind es idyllische Momente unter freiem Himmel, in dem gerne ein milchiger Mond schwebt. Selbst die eingebauten Irritationen sind keine mehr, wenn Quint Buchholz sie erfindet, sondern eine zauberische Selbstverständlichkeit – sei es ein Seiltänzer, der sein eigenes Seil vor den Füßen in der Luft abspult, eine ins Nichts führende Treppe oder ein großes Buch als Teil der Landschaft. An René Ma-

grittes magischen Realismus erinnern diese Bilder; sie sind aber aufgrund des mit feinster Feder ausgeführten pointillistischen Zeichenstils viel weicher als diese und auch gefälliger. Manche Leser haben sich schon an ihnen satt gesehen, andere nennen Buchholz bewundernd nach einer Figur aus einem seiner Bücher den »Sammler der Augenblicke«. Im Buch heißt dieser Sammler Max und ist ein Maler. Er malt Bilder, die selbst für ihn noch geheimnisvoll sind, Bilder, in die sich ihre Betrachter hineinträumen können. Eine Art »Sammler der Augenblicke« ist auch die Hauptperson des Bilderbuches, um das es hier geht, ein Teddybär. Der Junge, zu dem er gehört, schläft schon fest im Dämmerlicht des Kinderzimmers. Nur der Teddy ist noch wach. Weil er gar nicht müde ist, klettert er auf einen Bücherstapel, schaut zum Fenster hinaus und lässt den vergangenen Tag noch einmal Revue passieren. Er legt seinen Blick auf die Dinge, die draußen an die gemeinsamen Erlebnisse erinnern. Seine Augen wandern über alles Vertraute, und der Text benennt das, was dem Bären beim Schauen einfällt, mit ruhigen, bedächtigen Worten. Es ist eine Bestandsaufnahme der Dinge und Taten, die zu den beiden, Kind und Bär, gehören. Und was er sieht, bedenkt und benennt, ist sehr idyllisch: Inbilder der Geborgenheit im abendlichen Mondlicht, Erinnerung an glückliche Gemeinschaft. Dann löst der Bär die Augen von der sichtbaren Abendwelt und denkt an die gemeinsamen Vorhaben, die noch folgen sollen. Die Seiten werden taghell. Wieder sehen wir glückliche Bilder, diesmal von der Sonne beschienen, und diesmal ist der Junge, zu dem der Teddy gehört, auch zu sehen. Zwischen beiden herrscht eine Innigkeit, wie sie sonst zwischen Mutter und Kind erlebt wird.

Dies ist die Besonderheit dieser Teddybärengeschichte: Der Teddy ist hier so etwas wie das Kind des Kindes. Das ist häufig seine Funktion, im Leben wie in Büchern. Nur wird es selten so folgerichtig und zärtlich gezeigt wie von Quint Buchholz, nämlich als Übertragung des symbiotischen Verhältnisses auf ein anderes Objekt und damit auch als Loslösung von der Mutter. Das wohl berühmteste »Kindeskind« in der Kinderliteratur ist Pu der Bär, und dass Pu und sein Besitzer Christopher Robin entfernte

Verwandte von unserem Teddybär und seinem Jungen sind, zeigt auch die an die Wand des Kinderzimmers gepinnte Zeichnung von Pu mit seinem Honigtopf. Dieser Gruß bedeutet: Auch hier sind zwei, die in ihrer eigenen Welt leben und es dort gut haben. So gut, dass sie sogar zusammen schlafen gehen können. Und wenn einer dabei noch trödelt, etwas zu trinken braucht, eine Geschichte hören und in mancher Weise umsorgt werden will, dann ist es nicht das Kind, sondern der Teddy. Es gibt sonst kaum Gute-Nacht-Bücher, die ohne Elternfiguren auskommen – erst recht keine, in denen Bären eine Rolle spielen. Wenn das hier so gut gelingt, liegt es auch an dem fast schon meditativen Fluss der Gedanken. Es ist immer beruhigend, noch einmal den Tag durchzugehen, zu sammeln, was schön war, und danach zu überlegen, was noch Schönes vor einem liegt. Und dann neben jemandem zu liegen, der einen braucht. Im hellen Tageslicht mag dies alles manchem (erwachsenen) Betrachter allzu idyllisch erscheinen. Aber um in einen glücklichen Schlaf hinüberzugleiten, kann keine Imagination zu idyllisch sein. Der »Sammler der Augenblicke« hat hierfür die richtigen Momente gewählt.

Fünfter sein
von Ernst Jandl und Norman Junge

Den Illustratoren von Bilderbüchern fehlt es nicht an Ideen, an neuen Techniken, an Talent und künstlerischem Können (abgesehen vielleicht von der Tatsache, dass die Kunst des Zeichnens nicht mehr so gepflegt und beherrscht wird wie früher, wir also mehr gemalte Bücher erhalten). In Deutschland gibt es wohl mehr ambitionierte Illustratoren, als der Bilderbuchmarkt verwerten kann. Dennoch ist die Ausbeute an rundum guten Bilderbüchern gering. Zwar erscheinen jedes Jahr viele neue Titel, deren Illustration innovativ, aufregend oder zumindest auffällig ist. Aber leider haben sie allzu oft keine handfeste Geschichte zu erzählen. Das Schreiben von Bilderbuchgeschichten ist offenbar viel anspruchsvoller, als es aussieht. Ein probater Ausweg aus diesem Dilemma ist die Neuillustrierung eines bewährten Textes, gerne auch eines Textes, der noch nie bebildert wurde und vielleicht gar nicht ursprünglich für Kinder gedacht war. Dies ist wohl einer der Gründe für die vielen Neuerscheinungen von bebilderten Gedichten in den letzten Jahren.

Ein weiterer Grund ist die zunehmende Beliebtheit künstlerisch anspruchsvoller Bilderbücher bei Erwachsenen. Viele Titel erscheinen daher, die gar nicht auf den kindlichen Leser ausgerichtet sind, ihn gleichsam nicht nötig haben. Man merkt ihnen vielleicht noch an, dass sie auch Kindern etwas sagen sollen, aber es funktioniert oft nicht. Solange man Kinder nicht mit diesen

Büchern langweilt, ist das ja auch nicht schlimm. Aber am besten sind immer noch jene Bilderbücher, die alle ansprechen – die Großen mit ihrer Bild- und Wortkunst, die Kleinen mit einem Thema oder einem Ereignis, das sie angeht.

»Fünfter sein« ist eines dieser Bücher, die zugleich die Ansprüche der Erwachsenen und die Wünsche der Kinder erfüllen. Unter all den vielen neueren Lyrik-Interpretationen im Bilderbuch ragt es als besonders glückliche, enge und originelle Verbindung zwischen Bild und Text heraus. Der Illustrator Norman Junge hat

schon mehrfach Gedichte von Ernst Jandl illustriert, ist also in der Materie zu Hause. Während man »Immer höher« oder »Antipoden« hinterher durchaus noch mit eigenen Vorstellungen lesen kann, oder auch mit gar keinen, indem man nur die Worte genießt, setzt Norman Junge mit seiner Interpretation des berühmten Gedichtes Maßstäbe. Ernst Jandls Countdown im Wartezimmer verbindet sich fest mit den fünf Gestalten, die Norman Junge in ein dunkelblau-grau schraffiertes, leeres Zimmer auf fünf Stühlen nebeneinander aufreiht.

In Wartezimmern verlangsamt sich das Leben. Auch wenn man versucht sich abzulenken, ist man letztlich auf die Tür konzentriert, durch die die Patienten, die vor einem an der Reihe sind, das Sprechzimmer betreten und verlassen – »Tür auf. / Einer raus. / Einer rein«. Die Zeit dazwischen dehnt sich aus. Ist wieder einer raus- und einer reingegangen, ist man in der Warteposition einen Platz vorgerückt: »Vierter sein.« Und so weiter, bis es heißt: »Selber rein.« Jandls Gedicht eignet sich allein schon wegen dieser Wiederholungen und Aufzählungen gut für Kinder; auch ohne Bilder schätzen sie den Rhythmus und die Vorhersehbarkeit dieser Situation, ebenso wie die leise Spannung, die in jedem Countdown liegt und die hier sehr langsam zelebriert wird.

Diese Langsamkeit hat Norman Junge aufgegriffen und über sechzehn ganzseitige Bilder hin bis zum Äußersten ausgereizt. Sechzehnmal sehen wir immer wieder dasselbe Wartezimmer aus immer derselben Perspektive – nur am Schluss verändert sie sich bedeutsam um eine Achteldrehung. Wir sehen die Langeweile persönlich. Aber es ist nicht langweilig, das zu sehen. Das liegt daran, dass Norman Junge neben der Tür, die zum Arzt führt, das betont, was im Wartezimmer am zweitwichtigsten ist: die

Mitwartenden – Leidensgenossen und zugleich Konkurrenten um die Zeit des Arztes. Sie stammen hier alle aus der Welt des Spielzeugs: der Aufzieh-Pinguin, dem ein Flügel fehlt, die Watschelente mit nur einem Rad, der offenbar verunglückte Teddy, der Frosch, bei dem sich erst in dem Moment, da er die Praxis verlässt, zeigt, was ihm fehlte. Und der kleine Pinocchio mit den ängstlichen Augen und der abgebrochenen roten Nase. Er ist die Person des Gedichts, der Fünfte in der Reihe. Mit ihm sehen wir alle anderen nach und nach in das helle Lichtviereck treten, das den Raum erleuchtet, wenn die Tür zum Sprechzimmer aufgeht.

Norman Junge zeigt in den einfach umrissenen Gesichtern und Körperhaltungen unserer kleinen Praxis-Gemeinschaft die ganze Palette der Gefühle, die neben der Langeweile noch in einer solchen Wartesituation entstehen, je nach Temperament: Unbehagen, Ungeduld, Erwartung, Erleichterung und Triumph beim Verlassen des Sprechzimmers als Geheilter. Und Angst. Das feine, leicht verzitterte Lächeln verliert sich mit jedem Bild weiter vom Gesicht des kleinen Pinocchio, bis er schließlich alleine im dunklen Zimmer – »nächster sein« – eine Träne verdrückt.

Aber gleich darauf geht die Tür weit auf, es wird hell, gemeinsam mit dem Patienten sehen wir zum ersten Mal den Herrn Doktor, wie er einladend und Vertrauen erweckend zu sich bittet. Hinter ihm leuchten rot die Ersatznasen im Regal. »Tagherrdoktor!« Alles wird gut.

Natürlich ist dies das perfekte Bilderbuch für Kinder, die Angst vor dem Arzt haben oder ins Krankenhaus müssen. Aber »Fünfter sein« ist weit mehr als ein Buch für kranke Kinder. Alle Kinder interessieren sich für Verletzungen und Unvollkommenes, kaputte

Dinge beschäftigen sie. Und alle lieben es, wenn ein kundiger Handgriff die Sache wieder in Ordnung bringt. »Fünfter sein« schenkt in dieser Hinsicht volle Befriedigung, ob man nun gerade krank ist oder nicht.

Ein weiteres bewährtes Kinderbuch zum Thema Krankheit und Heilung ist »Ich mach dich gesund, sagte der Bär« von Janosch (Diogenes Verlag). Auch dieses ist rundum optimistisch, allerdings viel wortreicher und auch deutlich alberner als »Fünfter sein«.

Die drei Räuber
von Tomi Ungerer

Obwohl der elsässische Zeichner und Autor Tomi Ungerer bestimmt einer der wildesten Bürgerschrecks der Sechziger- und Siebzigerjahre war (genau wie vorher und nachher), hat er seine eigenen Kinder nicht antiautoritär erzogen. Statt mit den Büchern ihres Vaters sind sie mit dem »Struwwelpeter« aufgewachsen, und gespielt wurde »Räuber und Gendarm«. Dass man dazu eine Waffe braucht, ist ja klar. Da Tomi Ungerer nichts davon geheim hielt, sondern seine Meinung zu allen Dingen schon aus Prinzip so provozierend wie möglich vertritt, hat er es sich nach und nach mit vielen verdorben: nicht nur mit den Konservativen, sondern auch mit den Harmoniesüchtigen unter den Friedensaktivisten, mit den erklärten Feministinnen und den politisch Korrekten sowieso. Wer sich mit seinen Büchern auseinander setzt, unterscheidet gewöhnlich die Werke für Kinder und Erwachsene, »die heile und die geile Welt«, wie Tomi Ungerer sein Spektrum mit der ihm eigenen Vorliebe für schlagende Ausdrücke gerne bezeichnet.

Natürlich muss man diese beiden Welten nicht so klar trennen. Selbst dasjenige von Tomi Ungerers Büchern, das die heile Welt am reinsten abzubilden scheint, das »Große Liederbuch«, hat seinen heimlichen Gegenpart: eine zweite Version mit im Wortsinn schweinischen Zeichnungen statt der idyllischen Bilder in der offiziellen Ausgabe. Und die anderen Kinderbücher sind weit entfernt davon, von einer heilen Welt zu erzählen. »Es ist wichtig, die Kinder zu traumatisieren, wenn wir sie zu Individuen erziehen wollen«, sagte Ungerer einmal auf die Frage, warum er so gerne Angst erregende Dinge zeichne. Tatsächlich sind es aber oft nur grausame und dunkle Details, die seine stets freundlich endenden Geschichten begleiten. Die Geschichten selbst sind grundgut. Die unter diesem Boden spürbare Angst-Schwingung aber ist wichtig für Kinder. Mit Ungerer können sie beides genießen: den Grusel und seine Auflösung am Ende. Tomi Ungerers Bilderbücher sind mit der Zeit sanfter (und damit, entsprechend seiner eigenen Maxime, auch etwas langweiliger) geworden. Deshalb empfehle ich hier mit den »Drei Räubern« eines der älteren aus der Zeit, als Tomi Ungerer als unanständiger Elsässer in New York Furore machte.

Dass dies ein finsteres Bilderbuch ist, signalisiert unmissverständlich schon der Umschlag, dessen untere Hälfte fast schwarz ist von den Mänteln der drei Räuber. Darüber ragen ihre drei ebenfalls schwarzen Hüte, unter denen nur die Augenpaare lauernd herausschauen. Drohend ragt ein riesiges rotes Beil über dem Schwarz der Männer und vor dem Blau des Abendhimmels – wer dieses Buch aufschlägt, soll wissen, was er tut. Denn schwarz und grimmig geht es weiter. Als Nächstes werden die Instrumente gezeigt, wieder vor tiefschwarzem Hintergrund: das bereits bekannte Beil, die Donnerbüchse (Tomi Ungerer legte auch für spätere Ausgaben großen Wert auf genau dieses Wort, nachdem es ein paar Auflagen lang eine Vorderladerpistole war) und der Blasebalg mit Pfeffer, mit dem die Räuber die Kutschpferde scheu machen, um anschließend die Kutschen und ihre Passagiere auszurauben. Expressiv und plakativ ist dieses frühe Bilderbuch – man sieht ihm an, dass sein Schöpfer zur Entstehungszeit des Buches auch Werbegrafiker und Plakatgestalter war. Ungerer, der später gerne viele Details auf den Seiten unterbrachte und durch sie wie mit einem Gewürz viel illustrative Schärfe auch in die geruhsameren Geschichten streute, ist hier noch ganz sparsam.

Dennoch ist das Buch nicht milde, zumindest nicht zu Beginn. Knapp und grob sind die Linien, die Farben fast ungemischt, und was nicht ohnehin schon schwarz ist, wird von einer deutlichen Kontur umrandet. Jede Linie spricht es deutlich aus: Diese Räuber machen kurzen Prozess. Der ebenfalls knappe, unprätentiöse Text entspricht diesen Bildern. Hier wird alles beim Namen genannt, aber ohne ein Wort zu viel. Unmissverständlich ist etwa diese Beschreibung der drei Räuber: »Wenn sie auftauchten, fielen die Frauen um vor Angst, die Hunde zogen den Schwanz ein und selbst die mutigsten Männer ergriffen die Flucht.« Nur ein kleines Mädchen nicht. Eines Abends bietet sie die einzige Beute der Räuber, wird mitgenommen und krempelt das Leben der wilden Gesellen um. Ihr eigenes natürlich auch, denn die Räuber sind das Beste, was ihr, dem einsamen Waisenkind, das auf dem Weg zur ungeliebten Tante war, passieren konnte. Mit nichts als einer logischen Frage bringt sie ihre Retter dazu, dem Räubertum einen Sinn zu geben. Als Pflegeväter eines Waisenkinderschlosses haben sie großen Zulauf und leben froh und von einer ganzen Reihe rotbemäntelter Kinderchen geliebt bis an ihr Ende.

Die oberflächliche, an die Erwachsenen gerichtete Botschaft dieses Märchens ist also genauso plakativ wie seine Bilder und Worte, und sie steht schon in der Bibel: Geben ist seliger denn Nehmen. Und die Erwachsenen beruhigt es natürlich auch, dass die Räuber durch die Begegnung mit Kindern geläutert werden. Auch wenn dies alles gut und richtig ist, besonders glaubwürdig ist das Märchen nicht. Aber darum geht es nicht: Die Kraft, die Kinder diesem Buch entnehmen können, ist viel elementarer als diese schlichte Moral. Sie wird besonders deutlich im Kippmoment, als die Räuber das Mädchen Tiffany rauben und sie in eine warme Decke gehüllt durch die Nacht davontragen. Blau umgibt die Nacht den Räuber und vom Schwarz seines Mantels umhüllt ruht das blonde Kind in seinem Arm – ein Bild vollkommener Geborgenheit. Das Angsterregende erlöst uns und bringt uns zur Ruhe, signalisiert diese Wendung in der Geschichte. Wir dürfen nur nicht in Ohnmacht fallen, den Schwanz einziehen oder die Flucht ergreifen. Und für die Räuber ist es genauso erlösend, sich einmal erweichen zu lassen. Wildheit und Wehrhaftigkeit werden hier nicht verdammt, sondern mit Sanftmut zu einem Glück verknüpft. Kein Wunder, dass viele kleine Kinder ausgerechnet dieses dunkle Buch besonders gerne vor dem Einschlafen betrachten.

Auch für Tomi Ungerers Bilderbücher gilt: Sie sind alle lesens- und sehenswert. Fast alle erzählen – zum Teil auf drastische Weise – von der Kraft, die aus der Angst kommt, und von unverfrorenen Kindern. Ein wichtiges Buch aus der Ära vor der Zeit, da sich die Political Correctness wie Mehltau über viele Bilderbücher (selbst über eines von Tomi Ungerer) legte, ist »Kein Kuss für Mutter« – ein Hochgenuss für alle ungezogenen Kinder. Mit »Otto« haben wir die eindrucksvolle Biografie eines Kriegs-Teddybärs, der Geschichte erzählt, verwandt dem »Roten Wolf« von Friedrich Karl Waechter (s. S. 191).

Für wilde Kerle und solche, die es werden sollen

Wo die wilden Kerle wohnen von Maurice Sendak

Dieses Bilderbuch hat seit seinem ersten Erscheinen 1963 in Amerika einen starken Auftritt. Entweder es erntet erbitterte Ablehnung oder begeisterte Zustimmung. Nachdem sich die erste Aufregung etwas gelegt hatte, wuchs die Begeisterung – millionenfache Auflagen in aller Welt und viele Kinder mit Namen Max belegen das. Unter den hier vorgestellten Bilderbüchern ist »Wo die wilden Kerle wohnen« der Muskelprotz. Es ist ein angeberisches Buch, das nach dem erklärten Willen seines Schöpfers die rebellische, anarchische Seite der Kinder stärken soll, ohne zugleich ihre wichtigen Bindungen zu kappen. Deshalb gehörte es über viele Jahre hinweg in Deutschland in jedes Kinderzimmer – es war das ultimativ angesagte Buch für alle Kinder, die zu starken, unabhängigen und angstfreien Persönlichkeiten heranreifen sollten.

Ob das im Großen und Ganzen gelungen ist, mag dahingestellt sein. Die Kinder von damals jedenfalls sind heute selbst Eltern, und viele von ihnen neigen eher dazu, eine andere Sorte Bilderbücher für unverzichtbar zu halten, eine lieblichere und beschwichtigendere Sorte, um es vorsichtig auszudrücken. Ein harmoniesüchtiger Glitzerfisch oder ein Kaninchen, das ein anderes fragt: »Weißt du eigentlich, wie lieb ich dich hab?«, sind den meisten Bilderbuchlesern von heute wohl vertrauter als der zornige kleine Max, den ihre Eltern liebten. Und während die heutigen

Helden der so genannten Mutmach-Bilderbücher, wenn sie überhaupt in Wut geraten, dies nur tun, um hinterher garantiert zu einer sozial verträglichen Einsicht zu kommen, hat Max einfach nur Wut und sieht überhaupt nichts ein. Im Gegenteil: Er wird für seine Ausbrüche auch noch mit atemberaubenden Macht-Erlebnissen belohnt – und mit einem warmen Abendessen von der Mutter. Für ein »Mutmach«-Etikett ist diese Geschichte viel zu stark.

Maurice Sendak, 1938 in Brooklyn als Kind jüdischer Einwanderer geboren, begründete mit diesem wilden Kind Max seinen eigenen Ruf als *Enfant terrible* der amerikanischen Kinderliteratur, den er sich bis heute erhalten hat, auch wenn sein Stil sanfter geworden ist. Jedes seiner Kinderbücher ist auf eigene Weise eindrücklich, seltsam, beunruhigend, aber alle haben, ob offen oder versteckt, dasselbe Thema: die Tapferkeit und Fantasie, mit der Kinder die unvermeidlichen Krisen der ersten Lebensjahre bewältigen, und die Reserven, die sie dafür mobilisieren, in einer Welt, deren Regeln nicht ihre sind, standhaft ganz bei sich zu bleiben. Diese Energie der ersten Jahre ist für Sendak eine höchst bewunderswerte Leistung der Kinder. Jeder, der etwas für diese Überlebens-Künstler tut, so lautet sein Credo, sollte dieser Leistung angemessen begegnen: nämlich ebenfalls mit großer – auch handwerklich herausragender – Könnerschaft.

Der kleine Max ist ein Prototyp und Vorbild all dieser starken Kinder, denn er wandelt die in jedem Kinderleben unvermeidliche Einsamkeit und Kränkung in eine fantastische Stärke um. Schon die Vitalität, mit der er im Vorspann der eigentlichen Geschichte in seinem weißen Wolfsanzug durch die Wohnung tobt, ist ansteckend. Das Ganze sieht nach einem Riesenkrach aus, so wie er eben manchmal in der Krisenstunde vor dem Insbettgehen entsteht, wenn Kinder überdreht und müde sind. Mütter sind dann auch nicht mehr ganz frisch, und als Max zu seiner Mutter etwas sehr Anmaßendes sagt (»Ich fress dich auf!«), schickt sie ihn ohne Abendessen ins Bett: eine Kränkung, die noch größere Kräfte, noch mehr Vitalität, noch viel mehr Krach auslöst. Für Kinder, die im Buch verfolgen, wie Max' Zimmerwände sich in einen Wald verwandeln, wie sich der Raum zusammen mit den Bildrändern auflöst und Max auf dem Meer davongetragen wird, um König der wilden Kerle zu werden, stellt sich meist nicht die Frage, ob das alles nur ein Traum ist. Es wird erlebt, das reicht aus. »Wirkliche Realität ist immer unrealistisch«, sagte Sendak einmal dazu und verwies auf Kafka, einen seiner Lieblingsautoren.

Die Momente, in denen sich etwas Trennendes zwischen Menschen auftut, interessieren Sendak, und er findet starke Bilder dafür. Meist sind es kolorierte, fein gestrichelte Schwarzweiß-Zeichnungen mit vielen Schraffuren und Schattierungen. Die Farben der »Wilden Kerle« sind nicht knallig leuchtend, sondern gedeckt, fast sanft. Die Nacht bei den großen Ungetümen mit ihren »fürchterlichen Zähnen und Klauen« hat auch düstere Töne. Zugleich sind die Bilder sehr vereinnahmend: Im gleichen Maße, wie sie träumerischer und fantastischer werden, beherrschen sie auch die Buchszenerie mehr und mehr, verdrängen Text und Bildrand. Sendaks Botschaft lautet: Unser Unterbewusstsein ist mächtiger als die Begrenzungen und Zuschreibungen von außen, die Imagination ist größer als das, was wir »realistisch« nennen. Während des großen Krawalls, den die wilden Kerle auf Max' Be-

fehl mit ihm veranstalten, sind die Seiten vollkommen vom Bild eingenommen, der Text schweigt ganz. Im Rausch der Fantasie hat er nichts mehr zu sagen.

Dass Maurice Sendak seinen Helden aus diesem Rausch wieder langsam herauslöst und ihn nach Hause zu seiner Mutter zurückschickt, die stillschweigend das Abendessen ins Zimmer gestellt hat, ist für die wilden Kerle außerhalb des Buches eine wohl bekannte, aber dennoch sehr wesentliche und erleichternde (Er-)Lösung. Zumindest für die, die das Buch mögen. Das sind längst nicht alle. Maurice Sendaks Blick auf die Kindheit ist der eines Künstlers, der diese Phase nicht als paradiesisch empfindet, sondern als die anstrengendste und forderndste des Lebens. Seine Kinderfiguren haben deshalb oft eine trotzige Haltung, wissende Gesichter und viel speckige Haut um sich herum. Sie stehen mit ihren drallen Beinen fest im Leben, doch strahlend glücklich sieht man sie nicht oft. Es ist gut möglich, dass gerade diejenigen Kinder, die Sendaks Unterströmungen wahrnehmen und vage wiedererkennen, sich lieber bei harmoniesüchtigen Glitzerfischen oder Kaninchen, die sich furchtbar lieb haben, unterbringen. Wer ihnen trotzdem länger in Erinnerung bleiben wird, ist Max in seinem Wolfspelz.

Für alle, die es schätzen, wenn man ihretwegen weite Wege macht

Hansi Schlumfenbergers Weihnachtsgeschenk von John Burningham

Ist dies überhaupt ein echtes Weihnachtsbilderbuch? Gewiss, der Weihnachtsmann kommt darin vor – in einer im doppelten Sinne tragenden Rolle, jedoch nicht in der Hauptrolle – und es geht um ein Weihnachtsgeschenk, das er unbedingt noch zu Hansi Schlumfenberger bringen muss, »einem kleinen Jungen, der sehr weit weg, hoch oben in den Bergen wohnt«, wie er nicht müde wird zu wiederholen. Aber mit der eigentlichen Weihnachtsgeschichte hat diese hier auf den ersten Blick nichts zu tun. Das ist zwar auch bei vielen anderen Weihnachtsgeschichten für Kinder der Fall. Doch die strahlen dann wenigstens Gemütlichkeit und Wärme aus, kurz gesagt: verbreiten Weihnachtsstimmung. Mit »Hansi Schlumfenbergers Weihnachtsgeschenk« dagegen erleben wir eine anstrengende Reise durch Nacht und Kälte, Schnee und unwirtliche Gegenden. Wo das klassische Weihnachtsbilderbuch in golden-warmen Bildern voller Kerzenschimmer und Geselligkeit endet, geht unser Weihnachtsmann einfach nur alleine in sein Bett, das Gesicht grau vor Erschöpfung. Wenn dies ein Weihnachtsbuch ist, dann das nüchternste von allen. Der Vorteil: Man kann es das ganze Jahr über genießen, es geht ihm jegliche Saisonalität ab. Wichtiger ist aber noch, dass gerade Geschichten, die in einem nüchternen Ton (und entsprechenden Bildern) erzählt werden, eine besondere Innigkeit vermitteln können, gleichsam zwischen den Zeilen der Bilder. Eine Innigkeit, die dem Betrachter nicht aufgedrängt wird und deren Intensität er mitbestimmt. Es müssen allerdings schon Bücher sein, die das Potenzial dazu in sich tragen. »Hansi Schlumfenbergers Weihnachtsgeschenk« ist solch ein Buch.

Die Nüchternheit in Bild und Text ist ein Markenzeichen des britischen Bilderbuchkünstlers John Burningham. Ebenso die Tiefenschärfe des Eindrucks, den das Buch dann doch macht und die mit jeder erneuten Lektüre größer wird. John Burningham lässt den Betrachter erst einmal allein mit den Bildern, macht dem Auge wenig Angebote zum Festhalten. Oft sind es leere Flächen, in verschiedenen Techniken koloriert; man sieht die Schlieren der Farbe und scheinbar nachlässige Pinselzüge, immer wieder auch Collagen. Zeichnungen mit dünnem Krakelstrich treiben die Geschichte weiter bis zum nächsten großzügigen, farbsatten und dennoch kargen Plateaubild. John Burningham löst so mit fast jedem seiner Bilderbücher vage und unfertige Impressionen aus, ähnlich wie es Träume tun – und zwar nicht nur die schönen. Ginge es nur nach den Bildern, könnte »Hansi Schlumfenbergers Weihnachtsgeschenk« auch starke albtraumhafte Züge haben – etwa, als der Weihnachtsmann, hinten auf den Brettern einer tollkühnen Skifahrerin stehend, einen tiefschwarzen Schneehang hinunterdonnert.

Doch in die einsamen Gegenden dieser fremden Winterwelt ist die Geschichte von dem kleinen Jungen eingeschrieben, der irgendwo da draußen in der Ferne, fast unerreichbar, sein Weihnachtsgeschenk erwartet, beseelt von komplettem Zutrauen, dass es auch am nächsten Morgen da sein wird. Und natürlich die Geschichte vom Weihnachtsmann, der es ihm bringt, jedes Hindernis dieser Nacht überwindend. Und die von all den Leuten, die dem Weihnachtsmann mit der größten Selbstverständlichkeit dabei helfen. Vor- und Nachname des Kindes werden dabei immer wieder genannt – eine sehr befriedigende Wiederholung für den kleinen Leser, denn sie sagt ihm: Hansi Schlumfenberger wird wichtig genommen, und mit ihm jedes Kind, das Anspruch auf ein Weihnachtsgeschenk erheben kann, also ganz und gar jedes, also auch du.

Der Text zu den manchmal schneehellen, manchmal nachtdunklen Bildern ist umfangreich, auch wegen der ständig wiederholten Worte über das wartende Kind. Wenn man ihn mit leiser Stimme vorliest, passend zur müden Höflichkeit des Weihnachtsmannes, erhält er eine spröde Poesie, und es würde keinen wundern, wenn der Weg des erschöpften alten Mannes noch viel, viel weiter wäre. Aber irgendwann erreicht er die kleine Hütte hoch oben in den Bergen, steckt leise das Geschenk in den Strumpf und macht sich auf die lange Heimreise. Die unerschütterliche Ruhe, mit der er diese beiden gefährlichen Wege auf sich nimmt, machen diesen müden Weihnachtsmann zu einem vollständig zuverlässigen Tröster. Und seine Bereitschaft, alles zu geben, um einem Kind, das sonst leer ausgehen würde, eine Freude zu machen – dieser ruhige und grenzenlose Wille zur Zuwendung hat schließlich mehr mit der Weihnachtsbotschaft zu tun, als man anfangs denkt.

Als Hansi Schlumfenberger am nächsten Morgen glücklich sein Geschenk hervorzieht, spricht John Burningham mit seinem letzten Satz das lesende Kind direkt an, wie er es oft macht am Schluss seiner Bücher: »Ich hätte gerne gewusst, was es war.« Sofort kann ein Gespräch beginnen.

Wer mehr von John Burningham lesen möchte, dem sei sein berühmtestes Bilderbuch empfohlen: »Was ist dir lieber?« Hier wird der Leser ständig zu Entscheidungen zwischen mehreren Alternativen herausgefordert, die eine so eklig wie die andere grausig. Kinder genießen hier die Gruselfantasien ebenso wie die direkte Mitsprachemöglichkeit. Eine glückliche Traumgeschichte vom Tod erzählt John Burningham in seinem Bilderbuch »Wolkenkinder«, und das »Zauberbett«, sein jüngstes Bilderbuch, erzählt von lustvollen, aber auch gefährlichen Reisen im Schlaf. Alle genannten Geschichten sind in ihrer Wirkung ähnlich: Beim Betrachten ist man hin- und hergerissen zwischen Lust und Angst, Geborgensein und etwas Unwägbarem, das von außen kommt. Außerdem sind es heimliche Liebeserklärungen an das Möbel mit Namen Bett und den Zustand mit Namen Schlaf.

Für Jäger, die sich auch gerne mal jagen lassen

Wir gehen auf Bärenjagd von Michael Rosen und Helen Oxenbury

Bei diesem Bilderbuch wundert man sich, zwei Namen auf dem Titelblatt zu lesen, so sehr ist es aus einem Guss. Es gibt Bilderbücher, deren Geschichten man vorlesen kann, ohne dass man dazu unbedingt die Bilder kennen muss. Und es gibt andere Bilderbücher, deren Geschichte sich beim bloßen Betrachten schon erschließt. Hier aber kommt kein Teil ohne den anderen aus – man fragt sich, wie das Buch überhaupt in zwei verschiedenen Köpfen entstehen konnte. Das Hauptgewicht liegt gewiss auf den Aquarellzeichnungen der britischen Illustratorin Helen Oxenbury. Sie erzählen viel mehr, als in dem knappen, rhythmischen und lautmalerischen Text von Michael Rosen steht. Unter anderem kommen durch sie die einzelnen Personen (und ein Hund) zum Vorschein, die im Text einfach lapidar »wir« sind. Und diese Figuren lenken natürlich erst einen Blick auf die unterschiedlichen Gefühle, die eine solche Bärenjagd auslöst. Insofern haben die Bilder uns mehr zu sagen als der Text. Aber ohne Rosens drängende, anfeuernde Worte, ohne die gut platzierten Wiederholungen, Ausrufe und Beteuerungen wäre das Spiel nur halb gespielt.

Denn ein Spiel ist es. Ein Spiel, das sich der Vater der vier Kinder ausgedacht haben mag, als vielleicht an einem Samstagnachmittag Langeweile aufkam: »Wir gehen auf Bärenjagd!« Wer das Buch anschaut, kann sofort mitspielen; die Regieanweisungen sind alle vorhanden. Anfangs war der Bärenjagdausflug die rettende Idee, das sieht man dem Vater an. Endlich ist was los. Begeistert rennen die Kinder durch das hohe, grüne Gras. Aber dann kommen weitere Stationen auf dem Weg zur Bärenhöhle. Mit jeder Doppelseite wird die Reise unwegsamer, das Wetter kälter, der Vater skeptischer. Bis schließlich eine vor Furcht und Kälte bibbernde kleine Schar mit nassen, verschmutzten Kleidern vor dem großen dunklen Tier steht und das Wort »Bärenjagd« eine andere, die gegenteilige Bedeutung erhält. Nun spulen sich alle Wege in umgekehrter Reihenfolge ab, und die angeblich ganz und gar angstfreien Jäger rasen in wilder Hast nach Hause, den Bären immer dicht auf den Fersen.

Auffällig und anregend ist Helen Oxenburys Kunst, die Bewegungen einzufangen. Alleine der Schwung, mit dem der Wind im ersten Bild durch das hohe Gras und die Haare der Kinder fährt, enthält schon die Verheißung auf das ganze Abenteuer. Die Bewegungen der Kinder, sei es das Waten im Wasser, das Staksen mit nackten Füßen durch den Matsch oder das fröstelnde Stemmen des ganzen Körpers gegen den Schneesturm, sind genau beobachtet und auf anmutige, lebhafte Weise wiedergegeben. So kommt sofort die Lust auf, alles nachzuahmen und die Bärenjagd im eigenen Wohnzimmer zu veranstalten. Auch die Körpersprache ist meisterhaft ins Bild gebracht: »Wir haben keine Angst in den Hosen!«, lesen wir ein ums andere Mal, während wir zugleich verfolgen, wie die Begeisterung bei einigen Beteiligten der Expedition, etwa dem Vater und dem Hund, allmählich einer kitzeligen Angst-Lust weicht, die sich auf den Leser überträgt und auch Einfluss auf das Vorlesetempo nimmt. Mit dem Finger auf diejenigen zu tippen, die durchaus Angst in den Hosen haben, kann dabei eine wohlige Übung im Körpersprache-Lesen sein.

Wir gehen auf Bärenjagd.
Wir fangen einen ganz Großen.
Und wenn ihr uns fragt,
wir haben keine Angst
in den Hosen.

Das Changieren zwischen Lust und Angst, zwischen Jagen und Gejagt-Werden fasziniert kleine Kinder an dieser Geschichte. Sie erleben ja im Alltag auch manchen Zwiespalt bei Erlebnissen, auf die sie Lust haben und die ihnen zugleich Angst machen. Dann hilft oft nur der direkte Weg. »Drüber können wir nicht, drunter können wir nicht. Oh, nein! Wir müssen mitten rein!« – so lautet

Huhu! Gras!
Langes, nasses Gras.
Drüber können wir nicht.
Drunter können wir nicht.

Oh, nein!
Wir müssen mitten rein!

bei jeder neuen Herausforderung die Erkenntnis unserer Bärenjäger. Diese Devise müsste zwar, genau betrachtet, gar nicht immer für sie gelten, denn sie könnten so manchen Umweg wählen. Aber für das wirkliche Leben ist sie dafür umso gültiger. Es wird viele Gelegenheiten geben, sich mit diesem Satz Mut zu machen.

Der Hund, der groß und gefährlich werden sollte von Irma Lauridsen und Jens Ahlbom

Das Schild am Gartenzaun ist größer, als das Tier, vor dem es warnt, je sein wird. »Warnung vor dem Hunde« steht darauf, und gleich daneben hängt noch ein kleinerer Zettel: »Bissiger Hund!« Was aber im Garten dahinter sitzt und eifrig mit dem Schwanz wedelt, ist das liebenswerteste, harmloseste kleine Mischlingshündchen, das man sich nur vorstellen kann. Sollte ein Kind Angst vor Hunden oder frustrierten Erwachsenen haben – dieses Buch mildert sie. Das gilt auch für die Kinder innerhalb der Geschichte, die am Zaun mit dem drohenden Schild vorbeikommen. Alle bleiben stehen, um das gut gelaunte kleine Kerlchen zu streicheln. Zum Verdruss seines Besitzers, der so gerne einen richtig gefährlichen Wachhund hätte. Wir sehen den dicken, mürrischen Mann zu Beginn in einer Tierhandlung stehen und lauter Dinge kaufen, die zu einem großen, scharfen Schäferhund passen würden. Die Blicke der drei Anwesenden sprechen Bände. »Wenn das mal gut geht …«, scheint der freundliche Verkäufer zu denken, während der Mann offenbar nur darüber grübelt, ob der riesige Hundekorb, den er zu kaufen erwägt, nicht doch auf die Dauer zu klein sein wird. Das Hündchen aber schaut erwartungsvoll und fröhlich mit dem Schwanz wedelnd zu seinem Herrchen auf, beseelt von komplettem Zutrauen. Der Text fasst die Situation mit dem umwerfend lapidaren Satz zusammen: »Der Mann verstand nicht viel von Hunden.«

Natürlich wird er geläutert. Aber das dauert. Dieses Bilderbuch erzählt unter anderem von der Enttäuschung darüber, dass jemand – oder etwas – anders ist als erwartet. Anspruch und Wirklichkeit liegen hier weit auseinander, so weit, dass die Verbindung zwischen Herr und Hund an einem Punkt abreißt. Irma Lauridsen lässt den enttäuschten Mann bis zum Äußersten gehen: Er setzt den Hund, der weder wachsen noch böse werden will, im Wald aus. Doch der Hund ist wie ein Kind, das an seinen Eltern hängt, was auch immer geschieht: Er glaubt unerschütterlich an die Zusammengehörigkeit mit diesem Mann. Diese Unerschütterlichkeit ist es, die diese Geschichte sehr anrührend macht. Darüber hinaus ist sie rührend, weil man miterleben darf, wie der missmutige Mann langsam weich und freundlich wird. Am Schluss ist er sogar richtig sympathisch. Mit Frustrierten soll man Nachsicht üben, könnte eine Rand-Botschaft dieses Buches lauten. Die eigentliche Botschaft aber handelt von der Wärme, die durch pures Nett-Sein ins Leben kommt. Freundlichkeit ist ansteckend; das erleben die Leute, die sich immer zahlreicher am Zaun einfinden. Und das erlebt schließlich auch der Mann, wenn er auch nie so leutselig werden wird wie sein kleiner Bewacher. Der hat seine Aufgabe im Grunde bestens erfüllt: Er hat dafür gesorgt, dass sein Schützling nicht völlig verbiestert und verschroben wurde, hat also besser über das Wohlbefinden des Mannes gewacht, als es jeder Kampfhund könnte.

Die Herzenswärme dieser Geschichte vermittelt sich auch durch die aquarellierten Zeichnungen von Jens Ahlbom. Sie sind auf unauffällige Weise realistisch, bilden das Geschehen textgetreu ab, erzählen aber auch noch mehr. Wir sehen jede Regung: Die Zuneigung, die die Leute von der Straße dem Hund entgegenbringen, strahlt ihnen nur so aus den Gesichtern. Die Unzufriedenheit des Mannes sowohl mit seinem einsamen Leben als auch mit dem Hund, der ihm die Einsamkeit verteidigen soll (und sie stattdessen vertreibt), spricht ihm aus jeder Körperhaltung, sogar aus dem Blitzen seiner Brille. Und das kleine Hündchen ist so hinreißend lebendig und welpen-tapsig getroffen, es sonnt sich so hingegeben in der Zuwendung seiner draußen vor dem Zaun wachsenden Fangemeinde, dass man es unwillkürlich ebenfalls unterm Kinn kraulen möchte – und sich dann fast wundert, wenn man nur auf Papier kratzt. Das Beste an Jens Ahlboms Illustration aber ist seine leise Albernheit, die kleinen Witze und Übertreibungen, die er unmerklich einbaut. Durch sie wird aus einem sehr rührenden Bilderbuch ein sehr rührendes Bilderbuch, das den Betrachter zum Kichern bringt.

Doktor de Soto von William Steig

Dies ist kein Bilderbuch zum Thema »Zahnarzt«! Zwar befindet sich auf nahezu jeder Seite ein Zahnarztstuhl, außerdem alle erdenklichen Instrumente dieses Berufsstandes und, da hier Tiere behandelt werden, noch etliche Gerätschaften mehr. Aber ein Ratgeberbilderbuch, das man mit dem Kind vor dem ersten Zahnarztbesuch zur Vorbereitung anschaut, ist »Doktor de Soto« gewiss nicht. Dass es ihn auf dem deutschen Kinderbuchmarkt noch gibt, haben wir wohl trotzdem dem Ort seiner Handlung zu verdanken. Fast alle anderen Bilderbücher des 2004 verstorbenen, großen amerikanischen Bilderbuchkünstlers William Steig sind inzwischen im deutschen Sprachraum wieder vergriffen. Der Gerstenberg Verlag hat sich in den Achtziger- und Neunzigerjahren große Verdienste erworben, indem er eine reiche Auswahl der vielen wunderbaren Steig-Bücher übersetzen ließ. Aber vergebens: William Steig blieb ein Geheimtipp und wurde zu wenig nachgefragt.

»Doktor de Soto« ist uns erhalten geblieben. Nicht, weil es William Steigs bestes Bilderbuch wäre – das ist es nicht. Sondern weil es trotz seiner sachlichen Ferne eben doch in manchen Zahnarztpraxen das Warten verkürzt. Wenn man ein bisschen – oder auch ein bisschen mehr – Angst vor dem Zahnarzt hat, ist es entlastend, eine Zahnarztgeschichte zu erleben, in der es um ganz andere, existenziellere Dinge geht als um einen faulen Backenzahn. Und es ist auch entlastend, einen hervorragenden Zahnarzt wie Doktor de Soto selbst in Sorge zu sehen und mit ihm zu bangen. Das macht ihn menschlicher – dass er eine Maus ist, trägt sogar noch dazu bei. Hier liegt ohnehin eine der ganz großen Stärken William Steigs: Er zeichnet erkennbar Tiere und gibt ihnen ihre artgerechte Physiognomie. Aber er zieht ihnen Kleider an, lässt sie aufrecht gehen und verleiht ihnen menschliche Regungen. Witzigerweise wirken diese Figuren dadurch doppelt typisch, sowohl als Mensch als auch als Tier. Steig vereint beides so glücklich miteinander, dass man seinen Figuren alles glaubt und sich unwillkürlich in sie hineinversetzt. Dass sie Tiere sind, erlaubt zugleich eine wohltuende Distanz, die es dem Leser ermöglicht, auch ganz absurde, schlimme oder ausgesprochen lehrreiche Inhalte zu akzeptieren.

Wenn es einen Meister der Anthropomorphisierung (das ist das Fachwort für diesen Kunstgriff) im Bilderbuch gibt, dann ist das William Steig. Er ruht sich nicht auf der sonst sehr oft genutzten Möglichkeit aus, mithilfe der Tiere einfach ins Niedlichkeitsfach abzuwandern. Sondern er nutzt das Changieren zwischen Mensch und Tier dazu, die charakteristischen, nicht immer ganz sympathischen und gerne auch die lächerlichen Seiten der Menschentypen zu betonen. Keiner kann etwa die matronenhaft besorgte, »barmende« Mutter besser darstellen als er mit seinen Kaninchen oder Hunden in Kittelschürzen am Herd. Keiner kann Mäuse oder Frösche väterlicher dreinschauen lassen und junge Hunde lausbubenhafter. Auch alle Untugenden bekommen bei ihm Haltungen und Gesichter, die jeder Mensch sofort wie in einem Spiegel wiedererkennt. Steig hat offenbar alles im Blick gehabt und in der Tierzeichnung verewigt – die bräsige Selbstzufriedenheit mancher Männer, die ziellose Nervosität mancher Frauen, die Gemeinheit mancher Kinder.

Auch wenn es unverkennbar ein Fuchs ist, der mit seinem faulen Backenzahn durch eine Reihe von Gemütszuständen geht: Diese erbärmliche Jämmerlichkeit kennt jeder, der einmal Zahnweh hatte, genau wie diese Erleichterung, wenn es weg ist, und auch dieses berechnende Lauern, die Gier in den Augen, um schließlich, überlistet, wieder ganz kleinlaut zu werden. Und das war nur der Fuchs. Hauptperson ist natürlich der kompetente Doktor de Soto, der allerdings ohne seine sanfte, sehr mäuschenhafte Frau nach der Fuchs-Begegnung nicht mehr praktizieren würde, weil er mithilfe des neuen Goldzahns gefressen worden wäre. Steig, der im Text denselben lakonischen, sehr präzisen (und nicht anspruchslosen) Ton anschlägt wie mit seinen Bildern, lässt beide Parteien ausführlich und kontrovers über die Möglichkeit beziehungsweise die Gefahr des Fressens und Gefressenwerdens nachdenken. Und mit dem patenten Zahnarztehepaar können Kinder überlegen, ob sie es ebenfalls gewagt hätten, den Fuchs hereinzulassen. Das ist typisch William Steig: moralische oder philosophische Fragen zu stellen, dies aber so gut in den Handlungsablauf einzubinden, dass man es vor lauter Spannung kaum bemerkt. Insofern haben viele seiner Geschichten Fabelcharakter. Mit einem großen Plus: dem Humor eines sehr weitherzigen Menschenkenners.

Rund 30 Kinderbücher hat William Steig im fortgeschrittenen Alter geschaffen, nachdem er lange Jahre als Cartoonist und Werbegrafiker tätig war. Vierzehn davon gibt es in deutscher Übersetzung, und neben dem hier vorgestellten »Doktor de Soto« ist »Sylvester und die Zauberkugel« noch lieferbar. Wer die anderen antiquarisch auftreiben kann, sollte zugreifen. Sie sind allesamt großartig, aber besonders beeindruckend sind in meinen Augen: »Solomon und der rostige Nagel«, »Gorki hebt ab«, »Spinki zieht aus«, »Pizza-Piet« und die hinreißende Schöpfungsgeschichte »Rosa und Gelb«.

Es klopft bei Wanja in der Nacht von Tilde Michels und Reinhard Michl

Zwei Fertigkeiten scheinen vielen jüngeren Illustratoren und Erzählern von Bilderbüchern abhanden gekommen zu sein. Vielleicht lernen sie beides nicht mehr, vielleicht liegt ihnen beides nicht, vielleicht wollen sie einfach nicht – jedenfalls scheint sowohl das echte Zeichnen als auch das Reimen von Versen ganz aus der Mode gekommen zu sein. Jede Halbjahresflut von Neuerscheinungen bringt uns einen Schwung von ausdrucksstark illustrierten Bilderbüchern mit schrägen Perspektiven und in intensiven Farben, mit dem Pinsel freizügig gemalt, begleitet von Texten, die ebenfalls gerne experimentell sind. Sehr künstlerisch frei kommen diese Bücher daher, und manchmal sind auch wirkliche Kunstwerke dabei. Aber oft sind sie weit davon entfernt, Kinder wirklich zu packen. Meist liegt das dann nicht an den Illustrationen, mögen die auch noch so ungewohnt sein – in dieser Hinsicht sind Kinder unvoreingenommener als Erwachsene. Sie nehmen einen avantgardistischen Illustrationsstil neugierig hin, auch wenn sie nicht von selbst nach dem Buch greifen würden. Auf der anderen Seite merken sie es aber auch oft nicht, wenn der Illustrator gar nicht zeichnen kann und vielleicht aus diesem Grunde lieber zum Pinsel greift. Wenn ein Bilderbuch bei kleineren Kindern nicht recht ankommt, liegt das jedenfalls viel häufiger am Fehlen einer stringenten, gut erzählten und spannenden Geschichte als an den Bildern. Und eine Geschichte, die jedes Kind unter fünf Jahren (und auch viele ältere) aufmerksam verfolgt, ist eine stringente, gut erzählte und spannende Geschichte in Reimen, begleitet von nicht komplett unverständlichen Bildern. Doch wer so etwas sucht, muss in der Regel auf Klassiker wie die »Häschenschule« oder ein paar versprengte Ausgaben mit Krüss-Gedichten zurückgreifen.

Wenn man jetzt noch erfährt, dass einer Studie zufolge Kinder, die mit Reimen leben, mit sehr hoher Wahrscheinlichkeit zu genießerischen Lesern werden, kann man sich nur wundern, dass in den letzten Jahren so wenige erzählende Bilderbücher in Reimen erscheinen. Überdies sind diejenigen Titel, bei denen das Zusammenspiel zwischen Text und Bild gelingt, große Publikumserfolge und Longseller geworden. Wie etwa »Eins zwei drei Tier« von Nadia Budde (s. S. 36) und »Der Grüffelo« von Julia Donaldson und Axel Scheffler (s. S. 128). Oder wie das von Wanja und seinem nächtlichen Besuch, um das es jetzt geht.

Liest man die Verse von Tilde Michels aufmerksam durch, am besten laut, beginnt man zu verstehen, warum solche Bücher selten sind: Reimen ist gar nicht so einfach. Jedenfalls nicht, wenn das Ergebnis so unprätentiös und geschmeidig daherkommen soll wie die Geschichte von Wanja. Sie lässt sich herunterlesen, als wäre sie nicht gereimt; kaum ein abgekürztes Wort, kein nachgestelltes Verb, und auch nicht der etwas altertümelnde gehobene Ton, der sich sofort einschleicht, wenn man einen Sachverhalt in gebundene Form bringen will – man kennt das von selbst gereimten Versuchen zu privaten Anlässen.

Die Geschichte selbst ist unkompliziert, sie hat eine leise Spannung, eine ebenso leise Moral und sie ist grundehrlich. Mit dem ersten Satz »Weit fort in einem kalten Land / steht Wanjas Haus am Waldesrand« sind wir schon mitten in der Schnee-Einsamkeit; wir sehen eine kleine, tief verschneite Hütte vor einem Tannenwald, der Schornstein raucht. Hier wohnt Wanja in seiner warmen Stube. Nach diesen ersten Bildern kann man gut verstehen, dass drei Tiere hintereinander in einer bitterkalten Nacht um Unterschlupf bitten. Der Hase, der Fuchs und schließlich der Bär – eigentlich sind sie natürliche Feinde. Aber die Not lässt sie für diese eine Nacht die Feindschaft niederlegen. Vergessen wird sie nicht. Sie versprechen sich gegenseitig und ihrem Gastgeber Wanja, friedlich zu bleiben, wärmen sich auf und schlafen sich aus. Reinhard Michl zeigt uns das Schlafbild als doppelseitiges Zimmerpanorama: In jeder Ecke schläft einer, hingegeben, schutzlos, in Gegenwart des Feindes völlig entspannt. So sieht Vertrauen aus. Und dann kommt das, was dieses Bilderbuch heraushebt aus der Menge der heuchlerischen Freundschaftsgeschichten: Am Morgen geht jeder wieder seiner Wege. Wanja erwacht als Letzter. Seine Nachtgäste haben sich einer nach dem anderen davongeschlichen, und wenn da nicht die Spuren im Schnee wären, könnte er denken, er hätte alles nur geträumt. »Wir haben wirklich diese Nacht / Gemeinsam friedlich zugebracht. – / Was so ein Schneesturm alles macht!« Die Spuren aber führen ganz entschieden in unterschiedliche Richtungen.

Reinhard Michl hat diese einfache und klare Geschichte, die an eine Fabel erinnert, mit ebensolcher Einfachheit und Genauigkeit illustriert, aber auch mit viel Wärme. Er ist der große Tierzeichner unter den deutschen Illustratoren für Kinder. Es gelingt ihm wie niemandem sonst, die natürliche Haltung und Eigenart der Tiere einzufangen, ihnen aber zugleich so viel Ausdruck und

Charakter ins Gesicht zu legen, dass man auch menschliche Regungen an ihnen wahrnimmt. Wie etwa Fuchs und Hase sich gegenseitig belauern, bevor sie sich entspannen, wird jedes Kind nachfühlen können. Wärme wird vermittelt durch die Farbschattierungen der verschiedenen Braun- und Rottöne vor dem Weiß des Schnees, die harmonischen Bildausschnitte, die Lichtquellen, vor allem aber durch die dichten, weichen Pelze der Tiere, die Reinhard Michl so ausmalt, dass man am liebsten hineingreifen möchte. »Es klopft bei Wanja in der Nacht« ist ein Bilderbuch, dessen zwei Schöpfer ihr Handwerk sehr gut verstehen und in den Dienst der Geschichte stellen. Das Ergebnis ist freundlich, bescheiden und auf den ersten Blick keine auffällige große Kunst. Aber Bücher wie dieses, die im besten Sinne Kunst-Handwerk sind, werden von den Kindern oft länger geliebt. Aus gutem Grund.

Es lohnt sich, auch die anderen Bilderbücher anzuschauen, die Reinhard Michl illustriert hat. Nicht alle sind noch lieferbar, aber in Bibliotheken müsste man sie finden: »Ein Tag am Fluss« zum Beispiel ist ein großformatiges Bilderbuch über drei Jungen, die einen langen, freien Tag draußen verbringen, als wären sie Huckleberry Finn und seine Freunde. »Mischa«, eine nachdenkliche Bären-Geschichte über Liebe, Außenseitertum und Gefangenschaft, wirkt lange nach (beide sind vor Jahren im Thienemann Verlag erschienen). Eines der neueren Werke ist »Manchmal wär' ich lieber Max« (Carl Hanser Verlag), in dem Michls Liebenswürdigkeit gegenüber Mensch und Tier richtig zum Zuge kommt.

Für Kinder, die Katastrophen lieben

Der Struwwelpeter von Heinrich Hoffmann

Was ist besser: zu verbrennen, zu ertrinken, zu verhungern oder vom Sturm ins Nirgendwo davongetragen zu werden? Wer möchte lieber vom Hund gebissen werden, als die Daumen abgeschnitten bekommen? Oder möchte jemand lieber nur wegen seines ungepflegten Äußeren von allen angestarrt werden? Offenbar hat dieses Bild die Kinder, die die »Struwwelpeter«-Geschichten in der Mitte des neunzehnten Jahrhunderts als Erste kennen lernten, trotz der viel grausigeren Alternativen am stärksten beeindruckt, denn sie hoben den zotteligen Jungen mit dem trotzig-traurigen Gesichtsausdruck nachträglich aufs Titelblatt. Nun hieß das Buch nicht mehr nur »Lustige Geschichten und drollige Bilder«, sondern nach ihm, einem geheimnisvollen, verwegenen Knaben, der als einzige Buchfigur nichts erlebt, sondern dessen Drama nur darin besteht, dass er am Pranger steht. Es scheint ihm aber so viel nicht auszumachen. Wahrscheinlich war es diese renitente Haltung, die den Kindern besonders gut gefiel und heute immer noch gefällt – dieser Mut, dem zu widerstehen, was die tägliche und unermüdliche Erziehungsmühe der Eltern ausmacht: dem Kind Reinlichkeit beizubringen, gebetsmühlenartig das Zähneputzen, Waschen, Kämmen anzumahnen und zu kontrollieren. Den Wildwuchs einzudämmen. Ein Kind, das diesem steten Wassertropfen der Pädagogik standhält, ist noch beeindruckender als ein Kind, das mit den verbotenen Zündhölzern hantiert oder die Tischdecke samt Mittagessen herunterreißt.

»Was ist dir lieber?«, fragte in den Siebzigerjahren John Burningham in einem Bilderbuch, das sehr berühmt wurde, und bot Alternativen an, eine schlimmer als die andere. Kinder, die dieses Buch betrachten, sagen nicht etwa »Nichts davon möchte ich erleben«, sondern wägen sorgsam ab, ob sie lieber von einem Krokodil verspeist oder von einer Schlange erwürgt werden wollen. Die Kinder, die John Burningham in all diesen schrecklichen Situationen zeigt, scheinen mit denen im »Struwwelpeter« verwandt: Sie haben ähnlich steife Körperhaltungen, ähnlich starre Mienen. In beiden Büchern führen diese Kinder etwas vor. Die Kinder, die ihnen – vor dem Buch – zuschauen, wissen das. Daher können sie die Grausamkeiten, die sie abgebildet sehen, genießen.

Liegt hier eine Spur zur Auflösung des »Struwwelpeter«-Erfolgsgeheimnisses? Seit seinem massenhaften Erscheinen ab dem Jahr 1847 versuchen Pädagogen, Psychologen, Sozial- und Literaturwissenschaftler, diesem nach wie vor berühmtesten deutschen Bilderbuch beizukommen. Nicht alle sind froh über seine Langlebigkeit. Speziell die Kinderbuchforscher und -vermittler der Siebzigerjahre des 20. Jahrhunderts hätten es lieber von der Liste der beliebtesten Kinderbücher gestrichen; allzu drastisch waren ihnen hier die Mittel der »schwarzen Pädagogik« ins Bild gesetzt. Der »Struwwelpeter« ist auf vielfache Weise interpretiert worden. Überzeugend war dabei die psychoanalytische Sicht, nach der etwa das Abschneiden von Konrads Daumen auf eine Kastrationsfantasie verweist. Auch die sozialhistorischen Ansätze sind interessant – eine so drastische Strafe für das Daumenlutschen kann demzufolge durch die hohe Infektionsgefahr begründet werden, die wegen der schlechten hygienischen Zustände bestand und die Heinrich Hoffmann bekämpfen wollte. Ein Zufallsprodukt war das Büchlein, ein selbst gemachtes Weihnachtsgeschenk für den drei Jahre alten Sohn des Arztes, spontan entstanden aus Unmut über das schlechte Angebot in den Buchhandlungen. Entsprechend »privat« wirken auch die schlichten Zeichnungen: Ungelenk und kantig sind die Körperhaltungen, naiv ist die Farbgebung, und die Gesetze der Perspektive sowie andere zeichnerische Maßstäbe werden unbekümmert außer Acht gelassen. Auch die Verse sind ungelenk und wirken, als wären sie spontan gedrechselt worden. Das Buch entstand schnell, kam von Herzen und basierte auf der Erfahrung, dass Kinder sich gerne von kleinen gezeichneten Dramen ablenken und beruhigen lassen, speziell in Stresssituationen. Und anscheinend waren solche Dramen, wie sie der »Struwwelpeter« aufführt, bestens dazu geeignet.

Dass sie das selbst heute noch sind, muss mit den Erlebnissen der Figuren zu tun haben – und mit ihrer fragilen Existenz, die sich offenbar so leicht wieder verflüchtigen kann. Ob unter der Erde, im Wasser, im Feuer, in der Luft, im Tintenfass, im Bett, unter der Tischdecke – die meisten »Struwwelpeter«-Helden verschwinden auf die eine oder andere Weise im Zuge ihres kurzen Dramas. Erwachsene erscheinen in einer strafenden oder gleichgültigen Haltung, wenn sie das Kind im Moment der Krise nicht ohnehin alleine lassen. Das Leben ist lebensgefährlich, man muss letztlich alleine damit zurande kommen, und als kleines Kind ist man Gefahren wie auch Zwängen und Ungerechtigkeiten stärker ausgesetzt als in späteren Jahren. Das ist der Subtext unter den vielen »Du-darfst-nicht«-Botschaften. Kinder von heute wissen und spüren das genau wie ihre Altersgenossen von damals, auch wenn sie inzwischen behüteter (und in der Regel mit freundlicheren Erwachsenen) aufwachsen. Die Angst, die durch dieses Wissen entsteht, kann von den »Struwwelpeter«-Geschichten aufgenommen werden wie von einer äußeren Instanz, die einem eine Last abnimmt. So erklären sich viele Erwachsene heute ihre frühere Vorliebe für die schlimmen Geschichten. Hinzu kommt eine natürliche Schadenfreude und die beträchtliche zeichnerische und sprachliche Komik, die alles begleitet.

Nicht zu unterschätzen ist auch die Freude, die es macht, mitzuerleben, mit welcher Unbekümmertheit die »Struwwelpeter«-Kinder in ihre Unglücke hineinstürzen. Dieser Trotz und diese Ignoranz aller Gebote hat durchaus auch etwas Boshaftes – und das genießen Kinder. Wenn der Suppenkaspar etwa mehrfach schreiend wiederholt: »Ich esse keine Suppe, nein! Ich esse meine Suppe nicht! Nein, meine Suppe ess ich nicht!«, hören auch Kinder von heute mit bewundernd leuchtenden Augen zu. Sätze, die mit »Ich« und mit »Nein« anfangen, sind bei eigenwilligen Kindern ja besonders beliebt, und für Eltern, die Gehorsam einfordern, stets eine Provokation. Diesen – beiden Parteien sattsam bekannten – täglichen Kampf gewinnt hier der Suppenkaspar. Dass es um den Preis seines Todes geschieht, schmälert seine Trotzleistung in den Augen der jüngeren Betrachter nicht.

Gerade die verfremdende Distanz, die der »Struwwelpeter« inzwischen zum heutigen Kinderleben hat, empfiehlt das Buch jetzt wieder neu. Dass die Generation der antiautoritären Bewegung sich scheute, es ihren eigenen Kindern vorzulesen, versteht sich von selbst. Sie hatte oft selbst noch unter einer Erziehung gelitten, in der körperliche Strafe offen praktiziert wurde. Auch wenn im »Struwwelpeter« weniger direkte Bestrafungen gezeigt werden als – drastisch übersteigert – natürliche Konsequenzen, musste er diesen gebrannten Kindern von damals als Inbegriff der strengen Erziehung erscheinen, die sie den eigenen Kindern niemals zumuten wollten.

Heute sind wir darüber hoffentlich überwiegend hinweg. In den Schulen wird nicht mehr geschlagen und Gewalt in der Familie gilt als Straftat. Auf subtilere Weise ist sie dennoch da. Kinder erleben Grausamkeiten und erkennen sich zeitweise als versehrbar und machtlos. Dennoch haben sie Lust, Grenzen zu überschreiten und gefährliche Dinge auszuprobieren. Einem anderen Kind dabei zuzusehen, ist auch eine akzeptable Möglichkeit. Der »Struwwelpeter« gibt dieser Angst-Lust Bilder und Worte, die inzwischen wie Träume und Albträume anmuten. Und wie das mit Träumen so ist: Je fremder die »Struwwelpeter«-Geschichten uns heute erscheinen, desto befriedigender und lösender beantworten sie das Unbehagen an der Welt.

Eine detaillierte Beschäftigung mit »Struwwelpeters beschädigter Kinderwelt« liefert Reimar Kleins sehr aufschlussreiche und gut lesbare, kommentierte »Struwwelpeter«-Ausgabe (»Sieh einmal, hier steht er!«, Frankfurt am Main 2005), der ich einige der hier skizzierten Überlegungen verdanke. Eine psychoanalytische Studie der Geschichten kommt von Anita Eckstaedt (»Der Struwwelpeter. Dichtung und Deutung«, Insel Verlag, Frankfurt am Main 1998). Die sozialhistorischen Hintergründe hat Marie-Luise Könneker erörtert (»Dr. Heinrich Hoffmanns ›Struwwelpeter‹. Untersuchungen zur Entstehungs- und Funktionsgeschichte eines bürgerlichen Bilderbuchs«, Stuttgart 1977).

Max und Moritz von Wilhelm Busch

Im Jahr 1865, zwanzig Jahre nach dem ersten Erscheinen des »Struwwelpeter«, kam »Max und Moritz« auf den Markt. Beide Bilderbücher markieren einen gemeinsamen Meilenstein in der deutschen Kinderliteraturgeschichte. Sie verscheuchten die süßlichen und gefühlsduseligen, ebenso belehrenden wie langweiligen Bilderbücher, die zu ihrer Zeit in Mode waren, und sie zeigten Kinder, wie sie waren, und nicht, wie sie sein sollten. Hoffmann erzählte zwar ebenfalls Warngeschichten, genau wie all diese Bilderbücher. Aber er erzählte sie auf ungewohnt drastische und zugleich kindernahe Weise, und er gestand den Kindern – wie Busch – enorme eigene Energien beim Handeln gegen die Norm zu. Die Fehlleistungen, die diese Kinder vorführen, sind deutlich faszinierender als die Moral, die aus ihnen folgt. Doch während Hoffmann bei aller Drastik stets seine Sympathie für Kinder zeigt, ist bei »Max und Moritz« nicht so deutlich, wem hier die Sympathien gehören. Den Erwachsenen nicht, das ist klar – man braucht nur einen Blick auf den Lehrer Lämpel zu werfen. Aber den Kindern auch nicht so ganz. Aus dem überaus grausigen Ende der beiden, mag es noch so überzeichnet und möglicherweise auch als Beschwichtigung für die mitlesenden Erwachsenen gedacht sein, spricht die Rachlust eines Menschen, der von Kindern und ihren Begleiterscheinungen gehörig genervt war.

Wilhelm Busch war ein großer Menschenkenner, aber kein grundsätzlicher Kinderfreund; er ging mit »Max und Moritz« einen entscheidenden Schritt über den »Struwwelpeter« hinaus. Die »Struwwelpeter«-Kinder handeln noch unbedacht nach dem Lustprinzip. Jedes von ihnen stürzt in sein eigenes Unglück – es passiert ihnen einfach. Mehr als hundert Jahre später würde es bei Astrid Lindgren heißen: »Es *kommte* so!« Bei Max und Moritz aber kommt nichts einfach so. Was hier passiert, ist gewollt und geplant, die Wirkung soll schädigend sein und die Erwachsenenwelt empfindlich treffen. Und während die Lust am Unglück der »Struwwelpeter«-Kinder eher eine heimliche ist, wird hier die Schadenfreude nach vollendeter Tat offen gefeiert. Max und Moritz sind böse. Mit ihnen bricht das falsche idyllische Bild vom braven, lieblichen, reinen Kind endgültig zusammen.

Genau das ist es wohl auch, was diese Bildergeschichte über zwei Jahrhundertwenden hinweg am Leben erhalten hat. Gewaltdarstellungen ziehen die Aufmerksamkeit zuverlässig auf sich, und das Böse setzt mehr Energien frei als das Brave. Kinder als diejenigen darzustellen, die das bornierte Kleinbürgertum mit seiner Scheinmoral lächerlich machen, macht den Angriff noch aggressiver. Und für Kinder ist es faszinierend, dass es Altersgenossen sind, die derart dreist alle Grenzen der guten Erziehung überschreiten und offenbar noch nicht mal ein schlechtes Gewissen haben. Im Gegenteil: Die beiden strotzen vor Lebenslust und Vitalität, sind immer in Bewegung und haben eine Menge Spaß. Dies alles wiegt schwerer als die Todesstrafe am Schluss. Der Genuss beim Miterleben der sieben Streiche steht daher für junge Betrachter im Vordergrund; dass Max und Moritz am Ende durch die Mühle gedreht werden, stimmt etwas unbehaglich. Erst in diesem Moment vergewissert sich ein Kind gerne beim Vorleser, dass dies alles ja »nur eine Geschichte« ist. Wilhelm Busch war natürlich kein Verfechter der Todesstrafe für ungezogene Kinder. Aber als protestantischer Moralist war er der Auffassung, Kinder müssten durch die Mühlen einer strengen Erziehung gehen, um brauchbare Mitmenschen zu werden.

Die Streiche der beiden, ihre kriminelle Energie und die schauderhafte Konsequenz ihres Verhaltens sind eigentlich mehr faszinierend als nur komisch. Dass dennoch über so viele Jahre hinweg immer wieder herzhaft darüber gelacht wird, ja, dass das Bilderbuch von den meisten automatisch ins Humor-Fach abgelegt wird, hat natürlich mit Wilhelm Buschs Zeichen- und Reimkunst zu tun. Alleine die lakonischen und sehr geschmeidigen Knittelverse reizen zum Lachen: »Max und Moritz rochen dieses / schnell aufs Dach gekrochen, hieß es« – so steht es im zweiten Streich, als die Witwe Bolte ihre zu Tode gequälten Hühner wenigstens schön braten will. Zuvor gab es ein echtes Witzbild: »Jedes legt noch schnell ein Ei / und dann kommt der Tod herbei« – dazu sehen wir die Hühner und den Hahn nebeneinander am Ast hängen, und während die drei Hühner synchron je ein Ei fallen lassen, kommt beim Hahn etwas anderes unten heraus. Dieser alberne Anblick zusammen mit der Erwähnung des Todes bringt Kinder zu einem Lachen, das mit leisem Schrecken vermischt ist, und sie bekommen vielleicht eine erste Ahnung vom viel beschworenen »schwarzen Humor«.

Die Begegnung eines Kindes mit Wilhelm Buschs Bildergeschichten kann weit reichende Folgen haben. Es gewöhnt sich mit ihnen nicht nur an überdeutliche Zeichnungen, an Karikatur und Groteske, an einen von keinerlei Sentiment getrübten, scharfen Blick auf die Umwelt. Es lernt auch unter Gelächter, die charakteristischen Züge eines Menschen oder Tieres, das Typische an einer Situation sofort zu erkennen. Dabei lernt es automatisch, sehr genau zu lesen und zu schauen. Denn bei Busch kommt es auf jede Silbe an und auf jeden Strich. Man möchte ja keinen einzigen Witz verpassen. Außerdem lernt es, Dinge zu schätzen, die Biss und Eleganz zugleich haben. Kinder, die mit einem dicken Wilhelm-Busch-Hausbuch aufgewachsen sind, sind gegen falsches Pathos und Scheinmoral geimpft und haben eine gute Grundlage für ein sicheres Geschmacksurteil in Sachen Zeichnung. Und sie kennen die Menschen und ihre Schwächen. Damit sind sie besser ausgestattet als andere Kinder, die nach Meinung ihrer Eltern für jedes Problemchen ein eigenes, zahnloses, beschwichtigendes Bilderbuch brauchen.

Hier kann man sie noch erblicken
Fein geschroten und in Stücken.

Der Grüffelo
von Julia Donaldson und Axel Scheffler

Kennt jemand einen guten Reim auf das englische Wort *tiger*? Oder besser gleich mehrere Reimwörter? Weil Julia Donaldson auch nichts einfiel, gibt es den Grüffelo. Der Mangel war hier, wie so oft in der Literatur, bereichernd. Die britische Kinderliedermacherin wollte nicht nur Songtexte fürs Kinderfernsehprogramm verfassen, sondern auch einmal eine Geschichte für Kinder schreiben, und da sie sich gerne mit Märchen und Fabeln beschäftigte, fand sie dort auch eine Anregung: Ein Märchen über ein kleines Mädchen, das im indischen Dschungel einen Tiger austrickst. Allerdings sollte die Geschichte gereimt sein. Julia Donaldson hatte als Kind der Fünfzigerjahre viel mehr Reime gekannt als die Kinder von heute – diesem Mangel wollte sie abhelfen. Der Erfolg ihres Buches gibt ihr Recht: dass der »Grüffelo« ein so beliebtes Monster geworden ist, hat er auch den einfachen Paarreimen zu verdanken, die ihn so schaurig-schön beschreiben.

Wichtiger ist aber wohl, dass er kein Tiger ist. Einen Tiger kann man sich ohne weiteres vorstellen. Der Grüffelo aber ist eine Monster-Neuerfindung. Er muss in der Fantasie erst entstehen, man muss seinen Namen langsam mit einem drohenden Grollen in der Kehle aussprechen, und man kann sich dieses unbekannte Tier in allen Einzelheiten ausmalen, so wie die kleine Maus das tut, die eigentlich nur im Wald herumspazieren und die eine oder andere Nuss knacken möchte, aber von einer Reihe von Waldbewohnern dabei unterbrochen wird. Fuchs, Eule und Schlange laden sie mit scheinheiliger Höflichkeit zum Essen in ihre jeweiligen Behausungen, aber die Maus merkt schnell, dass sie selbst das Hauptgericht dieser Mahlzeiten sein soll. Auch der Betrachter der Bilder sieht es in den Augen der Tiere. Axel Scheffler hat ihnen eine verschlagene Freundlichkeit in den Blick gelegt, hinter der die pure Fressgier lauert. Die Maus macht das, was jeden Kraft- und Größenunterschied aushebelt: Sie arbeitet mit der Angst. Sie droht nicht. Sie bleibt immer höflich. Sie setzt nur die Fantasie ihrer Gegner in Gang.

Sie tut das gleichsam in zwei Durchgängen, und beim zweiten Mal muss sie ihre eigene Angst dabei noch stärker überwinden. Denn plötzlich steht das Geschöpf ihrer Fantasie leibhaftig vor ihr. Zum ersten Mal sehen wir all die Furcht erregenden Einzelheiten zusammengesetzt. Vorher hatte die Maus sich nach ihrem Trick jedes Mal amüsiert an den Betrachter gewandt: »Wie dumm von der Eule! Sie fürchtet sich so / Dabei gibt's ihn doch gar nicht, den Grüffelo!« Doch als sie auch die Schlange in die Flucht geschlagen hat, endet das Wort »Grüffel ...« in einem erschrockenen »... oh!«, und wir sehen ihn zum ersten Mal in ganzer Figur. Und er schaut zurück, als wolle er uns sofort verschlingen, sobald er mit dieser unbedeutenden kleinen Maus-Vorspeise fertig ist. Bedenke gut, was du dir wünschst, sagt diese gierige Miene, denn es könnte wahr werden ... So ist diese Schwindel-Parabel auch eine Geschichte über die Macht der Fantasie.

Einer aber musste sich das Grüffelmonster am genauesten und im wahrsten Wortsinn ausmalen: Axel Scheffler. Er war derjenige, der das Potenzial dieser Figur sofort erkannte, im Gegensatz zu einigen Verlegern, die Julia Donaldsons Manuskript ablehnten.

Man kann ihnen das nicht verübeln; die Geschichte war noch nicht komplett. Axel Schefflers Bilder sind keine bloße Illustration, sie sind ebenbürtig und erfinden das Tier genau wie der Text. Dem »Grüffelo« kommt dabei Axel Schefflers Fähigkeit zugute, eine freundliche Atmosphäre zu schaffen und dennoch niemals niedlich zu werden. Seine Tiere sind immer typisch für ihre Art, aber auch auf menschliche Weise sympathisch. Sogar der Grüffelo hat in seiner Tapsigkeit etwas Knuffiges an sich, und obwohl er definitv gefährlicher ist als Sendaks »Wilde Kerle« (s. S. 95), wirkt er weniger Angst einflößend als sie, weil er mehr Wärme – und Dummheit – ausstrahlt. Ähnlich wie Rotraut Susanne Berner ist Axel Scheffler seinem eigenen Stil stets treu geblieben und keiner der wechselnden Illustrationsmoden verfallen. Einfachheit, Genauigkeit, Hintersinn sind seine Stärken, und wenn seine Bilderbücher geradezu idyllisch wirken, dann bekommt er dafür möglicherweise keine akademischen Preise verliehen, aber die Kinder freuen sich.

Julia Donaldsons Text passt genau zu dieser bodenständigen Art der Illustration; ihre Reime kann man nicht als hochkarätige Lyrik für Kinder bezeichnen. Vielleicht ist aber gerade deshalb der »Grüffelo« schon jetzt ein moderner Klassiker. Es ist ein Gebrauchsbilderbuch im besten Sinne. Gut zu gebrauchen auch deshalb, weil es eine Moral verkündet, ohne zu moralisieren. Größe und Stärke sind nicht alles, lautet die Botschaft, wenn du klein und clever bist und auf deine eigenen Stärken vertraust, kommst du auch gut durch. Erleichternd ist auch die Weigerung der Geschichte, politisch korrekt zu sein: Keine falschen Verbrüderungen – Maus und Grüffelo bleiben Feinde, wie auch der Folgeband zeigt.

Der zweite Band mit dem Titel »Das Grüffelokind« ist ebenso gewitzt und eingängig wie der erste. Julia Donaldson und Axel Scheffler gelingt das Kunststück, eine Fortsetzung mit ähnlichen Mitteln, aber neuer Spannung zu erzählen. Wieder geht es um eine Grüffelo-Maus-Begegnung, diesmal mit dem entzückenden, aber gleichfalls gefährlichen Sprössling des Grüffelos.

Für alle Mäuse, die nicht vom Korn allein leben

Frederick
von Leo Lionni

In »Großvater und die Wölfe«, einem der schönsten Kinderbücher für alle, die schon längere Geschichten mögen, erzählt der schwedische Autor Per Olov Enquist ein selbst erlebtes Abenteuer. Zu Beginn stellt er die Personen der Handlung vor. Über sich selbst, den Großvater, lässt er seine Enkelin Mina nebenhin sagen: »Er arbeitete nicht richtig, sondern saß immer nur am Schreibtisch und schrieb Bücher.« Für die Kinder ist dieses »nur« selbstverständlich, und die Auffassung, dass einer, der »nur Bücher schreibt«, nicht »richtig arbeitet«, wird im Verlauf der Geschichte weder kommentiert noch überhaupt thematisiert. Und doch ist es der Großvater, der im Moment der Krise den Kindern neue Energie gibt, indem er an ihre Vorstellungskraft appelliert. Am Rande und ohne ein einziges Wort darüber zu verlieren, wahrscheinlich auch ohne es selbst zu wissen, zitiert Per Olov Enquist hier die Bilderbuchgeschichte von der Maus Frederick, die inzwischen ein weltberühmter Klassiker geworden ist.

Es ist ja auch eine allgemeingültige und daher schon fast banale Wahrheit: Wir brauchen mehr als Nahrung und ein Dach über den Kopf, und für dieses »Mehr« zu sorgen, ist eine besondere Form der Arbeit. »Frederick« hat diese Wahrheit nicht gepachtet. Dennoch hat der Kosmopolit und Mehrfach-Künstler Leo Lionni diese Wahrheit mit ein paar ausgerissenen Papierschnipseln in eine Persönlichkeit verwandelt und ihr ein Mäusegesicht gegeben – Frederick ist *der* Künstler in der Bilderbuchwelt. Lionni war weit über fünfzig Jahre alt, als er ihn erfand, und musste selbst jede Menge Erlebnisse und Dinge angesammelt haben, um auf die einfache Geschichte einer Maus zu kommen, die statt Getreidekörnern Sonnenstrahlen, Farben und Worte sammelt, um über den Winter zu kommen. Eines Tages, so erzählte Lionni, habe er sich seinen ganzen angesammelten Krimskrams, all die Fundstücke, Steine, das Strandgut und die vielen scheinbar nutzlosen Seltsamkeiten in seinem Haus einmal angesehen und sich gefragt, warum er das eigentlich mache. Die Antwort gab er sich mit »Frederick«.

Er ist der wahre »Sammler der Augenblicke«, von dem auch in Quint Buchholz' »Schlaf gut, kleiner Bär« die Rede ist (s. S. 81). Es gibt immer einen guten Grund, wenn unsere Augen und Gedanken an etwas hängen bleiben, auch wenn wir den Zusammenhang nicht sofort erkennen. Wir sollten es einsammeln, ruhen und reifen lassen, dann kommt es irgendwann wieder – im wahrsten Wortsinn verdichtet – zum Vorschein. Das ist eine von Fredericks Botschaften, verbunden mit einer starken Anregung, alle Sinne für solche Sammel-Objekte und -Momente offen zu halten. Eine andere hat mit jenen Mäusen und Menschen zu tun, die diese Art der Ernte zu schätzen wissen oder auch nicht. Fredericks Brüder sammeln emsig Körner und tragen sie mühsam ins Winterversteck, während er scheinbar faul daneben liegt. Lionni hat das Verhältnis zwischen den Mäusen genau beschrieben; einmal ist auch Vorwurf in ihrer Frage, was er immer mache, während sie sich um ihn herum abschuften. Aber als sie im Winterlager hungern und auch innerlich kraftlos werden, lassen sie sich von Fredericks Erinnerungen an glücklichere Tage bereitwillig mit neuer Energie aufladen. Noch eine Frederick-Botschaft: Nehmt an, fordert ein und profitiert von dem, was die zu geben haben, die andere Prioritäten setzen als ihr!

Das sind wahre, kluge und schöne Lebensdevisen. Ohne Leo Lionnis Bilder aber wären sie nicht halb so viel wert. Die Bilder sind so eingängig und verständlich, dass sie den Text bei weitem dominieren und mitsamt ihrer Botschaft jahrzehntelang präsent bleiben können. Bilder, die wie bei Lionni aus demselben Kopf und derselben Hand kommen wie der Text, können meist besser eine solche Macht entwickeln als die Illustrationen eines fremden Textes. Man sieht diesen Bildern an, dass Lionni den Maximen der Bauhaus-Künstler zugetan war und dass er lange für die Werbung gezeichnet hatte. Sie sind klar, schlicht und bringen die Sache schnell auf den Punkt. Und in all ihrer Deutlichkeit sind sie niemals kalt, sondern sprechen das Gefühl an.

Wenn Frederick seinen Brüdern die Farben des Sommers schildert, entstehen comicartige Gedankenblasen über ihren Köpfen, gefüllt mit bunten Farbtupfern, die das Grau der Steine überstrahlen. So sieht also Fantasie aus. Und nicht nur die Art, wie Fredericks Ernte den Mäuseköpfen entschwebt, ist inspirierend und harmonisch zugleich. Auch die Bildaufteilung ist stets von Ruhe geprägt, ohne ihre Spannung zu verlieren. Lionni hat die unterschiedlich bemalten Papierschnipsel, aus denen seine Mäuse und ihre Umgebung bestehen, immer erst wie auf einer Bühne hin und her geschoben, bevor sie ihren festen Platz auf der Seite bekamen. Wir sehen hier also bestes Bilderbuchtheater – dramaturgisch geschickt ausgebaut und in der Gewichtung meisterhaft ausbalanciert. Die Farbkompositionen sind ebenso klug durchdacht – Naturtöne auf weißem Grund oder vor dem Grau der Steine. Die Mäuse hat Lionni übrigens ganz bewusst in Originalgröße dargestellt; er hielt nichts von Verniedlichung. Das Buch wirkt im Original-Großformat stärker als in den kleineren Geschenkausgaben.

Erwachsene, die das Buch schon lange kennen, zitieren am liebsten die beiden letzten Sätze: Frederick hat den Mäusen abschließend ein selbst verfasstes Gedicht über die Schöpfung und den Wechsel der Jahreszeiten vorgetragen. »Frederick, du bist ja ein Dichter!«, rufen sie erstaunt. Er antwortet: »Ich weiß es – ihr lieben Mäusegesichter.« Dabei überzieht eine feine Röte seine grauen Mausewangen. Dieses Bild einer Künstler-Maus, die sich in aller Bescheidenheit ihrer Fähigkeiten voll bewusst ist und sich über den Beifall freut, ist eine starke Aufforderung, in aller Ruhe den eigenen Weg zu gehen.

Sämtliche Bilderbücher von Leo Lionni sind empfehlenswert, und obwohl man ihnen allen seine Handschrift ansieht, hat er sich nie wiederholt. Besonders eindrucksvoll sind noch »Fisch ist Fisch« und »Swimmy« – beides, ähnlich wie Frederick, moderne Fabeln, die auf eingängige und überraschende Art Lebensweisheit vermitteln.

Frosch hat Angst von Max Velthuijs

In dieser kleinen, in warmen Farben gehaltenen Geschichte geht es tatsächlich um die nackte Angst und um fast nichts anderes. Kein spezifisches Wesen, vor dem man sich fürchten könnte, spielt hier eine Rolle, kein Monster oder Gespenst nimmt in irgendeiner Weise Gestalt an. Es geht allein um das Gefühl der Panik und darum, was man dagegen tun kann. Die Angst vor etwas Unbestimmtem ist ja meistens schlimmer als die Angst vor etwas, das man kennt. Frosch kennt keine Gespenster und Monster, aber als er abends alleine im Bett liegt, hört er Geräusche – ein Rascheln im Schrank, ein Knarren der Fußbodenbretter –, und diese Geräusche geben seiner Fantasie schreckliche Nahrung.

In vielen Bilderbuchgeschichten, in denen es um die Angst geht, ist diese für die Helden wie auch für die Betrachter mit einer gewissen Lust verbunden. Die Bilder eines Monsters, das näher und näher kommt, eines Abgrundes oder einer anderen Gefahr lassen Kinder wohlig erschauern. Sie mögen dann zwar Angst vor einem Bild haben, wollen die entsprechende Buchseite aber dennoch immer wieder ansehen, und sei es aus ein paar Schritten Entfernung. Die Angst hat einen Namen, eine Gestalt und einen Ort, sie ist damit schon halb gebannt. Die Lust besteht dann auch im Ausprobieren, wie weit man sich dem Angsterregenden nähern kann. All dies gilt nicht für »Frosch hat Angst«: Da er gar nicht recht weiß, wovor, hat er kein Bild vor Augen und kann sich nichts und niemandem nähern. Er kann nur in Panik davonrennen.

Zum wohligen Erschauern gibt dieses Buch also wenig Anlass, es sei denn, man genießt es, den Frosch und später auch die Ente durch den dunklen Wald rennen zu sehen, der Augen und Greifarme zu haben scheint. Umso klüger war es von Max Velthuijs, die Geschichte vorwiegend in wohligen Farben zu erzählen. Warm beleuchtet sind die Zimmer der Ente, zu der Frosch flieht, und die Wohnung des Schweines, bei dem dann beide Zuflucht suchen. Die Aufteilung der Buchseiten, auf deren oberen Hälfte jeweils ein bunt umrahmtes, etwa quadratisches Bild steht, während unten der (nicht ganz knappe) Text läuft, hilft auch dabei, die Geschichte mit leichter Distanz zu betrachten. Es ist, als schaue man auf eine Bühne oder auf den Fernsehschirm. Oder eben durch ein Fenster in ein Zimmer, in dem ein warmes Licht brennt und drei gute Freunde beieinander sitzen, um sich die Angst zu vertreiben. Denn wenn sie keinen Namen hat und immer größer wird, ist es am besten, nicht allein zu sein.

Frosch und Hase, Ente und Schwein sind in den dreizehn Büchern, die Max Velthuijs über sie geschaffen hat, wie eine Art Dorfgemeinschaft. Die Hauptperson und der »Problem«-Träger ist dabei immer der Frosch. Was ihn so sympathisch macht, ist seine offene, fragende Haltung zu allen möglichen Themen des Lebens. Immerzu scheint ihm vor lauter Denken und Fühlen und Die-Welt-in-sich-Aufnehmen das Maul offen zu stehen, er ist stets zum Staunen bereit. Velthuijs hat ihn und seine Freunde grafisch klar und schlicht, dabei unauffällig gestaltet. In satten Farben und deutlich konturiert leben diese Tiere ihr Alltagsleben. Vielleicht liegt es an der gediegenen Bescheidenheit der Bilder, dass dieser Frosch in Deutschland längst nicht so beliebt ist wie in seiner Heimat, den Niederlanden. Er ist einfach kein Kuscheltier, das sich den Kindern aufdrängt. Aber wer ihn kennen lernt, merkt schnell, dass er der charaktervollste Frosch der Bilderbuchwelt ist.

Max Velthuijs erzählt hier von der ansteckenden Wirkung der Angst, aber auch von der Beruhigung durch Freunde. Am Morgen nach der Angstnacht taucht Hase auf, der Älteste und Abgeklärteste im Freundeskreis. Er setzt der Geschichte noch eine Pointe auf, die nicht richtig zündet, aber dennoch alle zum Lachen bringt. Auch beim Vorlesen des Buches lachen Kinder an dieser Stelle erleichtert, ohne genau zu wissen, warum. Lachend aus einer Angstgeschichte herauszugehen, ist eben besonders entspannend. Worüber, ist nicht so wichtig.

Pernix
von Dieter Wiesmüller

Ende der Achtzigerjahre, als Dieter Wiesmüllers kleiner Sohn sich von seinem Vater ein Bilderbuch über Dinosaurier wünschte, war die Beliebtheit dieser Tiere bei Kindergartenkindern auf ihrem Höhepunkt. Es gab kleine Jungen, die ihre komplizierten lateinischen Namen herunterrattern konnten wie Automarken, und es gab natürlich jede Menge Sachbilderbücher, allen voran der »Was ist Was«-Band Nummer 15, der in jeder Kinderbuchabteilung, die auf sich hielt, immer mehrfach vorrätig war. Im Zuge dieser Begeisterungswelle hat es einige Versuche gegeben, die Faszination, die die Dinosaurier auf Kinder ausüben, zu erklären. Ihre pure Massivität, die Kraft und das gefährliche Aussehen der Tiere spielen eine Rolle, verbunden mit dem sicheren Wissen, dass sie einem nirgends und niemals leibhaftig begegnen können. Auch bietet die Dinosaurierkunde mit ihrer Fachterminologie und ihren vielen Klassifizierungen großartige Möglichkeiten, sich als Experte hervorzutun. Wichtig ist schließlich die Zeit und die Umwelt, in der sie lebten – eine ferne, wilde Vergangenheit, in der die Natur alles beherrschte und es andere Freiheiten und andere Grenzen gab als etwa für einen vier Jahre alten Menschen, der gerade die Uhr lesen lernt und das »Links-rechts-links-Gucken« beim Überqueren der Straße eingetrichtert bekommt. Bei den Dinosauriern ging es ums Ganze, um Fressen und Gefressenwerden, Überleben oder Untergang. Kinder schätzen solche Reduzierung auf das Wesentliche.

Das tun sie heute immer noch. Inzwischen hat die Dino-Begeisterung, von den Medien auf massivste Weise bedient, etwas nachgelassen. »Pernix« aber hat das Aussterben der Dinosaurierbücher überlebt, weil seine Geschichte genau die existenziellen Aspekte enthält, die alle Kinder bewegen, nicht nur die Saurier-Experten. Außerdem ist dieser Dinosaurier kein bloßes Anschauungsobjekt in einem Buch voller Schautafeln, sondern eine Identifikationsfigur, die dramatische Dinge erlebt. Genau wie bei »Nachts auf der Baustelle« (s. S. 43) ist es mit »Pernix« gelungen, einen Themenbereich, der Kinder aus sachlichen Gründen interessiert, literarisch zu verdichten, ohne dabei sachlich unrichtig zu werden. Die etwa hühnergroße Saurierart, der unser orangefarbener Held angehört, hat es wirklich gegeben, genau wie seine Zeitgenossen und Widersacher, den Schnabelzahn oder den Raubsaurier.

Pernix ist ein Flitzer, wie sein Name schon sagt (er kommt aus dem Lateinischen und bedeutet »schnell«). Auf den ersten Seiten sehen wir ihn in ständiger Bewegung, unentwegt hungrig auf der Suche nach Beute und dabei immer wieder in Lebensgefahr, etwa, wenn die riesigen Füße der Sauriergiganten ihn zu zermalmen drohen. Erst als Pernix auf Viva gestoßen ist und in ihr eine gute Jagdgefährtin gefunden hat, kommen ein wenig Ruhe und Nahrung in seinen Alltag. Die beiden gründen eine Familie, fünf winzige Saurierbabys schlüpfen aus ihren Eiern. Nun geht das Gerenne wieder los: Die kleinen Saurier sind eine begehrte Beute für viele Tiere im Urzeitwald. Sie müssen ständig verteidigt und in neue Verstecke gebracht werden. Dramatischer Höhepunkt der Ereignisse ist Pernix' kalkulierte Flucht vor dem größeren Saurier Torvus, der es auf die Kleinen abgesehen hat, sich nun aber von ihrem Vater ablenken lässt. Er muss dafür mit dem Leben bezahlen. Eines der grausamsten und daher auch eindrucksvollsten Bilder des Buches (in dem die harmonischen Familienbilder nicht überwiegen, um es einmal vorsichtig auszudrücken) zeigt einen schrecklichen Raubsaurier, wie er hoch aufgerichtet in einer Felslandschaft steht und Torvus in ganzer Figur verschluckt. Wieder bei den Seinen, zeigt Pernix, dass er selbst auch nicht ganz ungefährlich ist: Auf dem vorletzten Bild sehen wir, wie seine fünf Sprösslinge sich fröhlich über einen erlegten Schnabelzahn hermachen, der sie zuvor bedroht hatte. Manche Kinder mögen dieses martialisch anmutende Bild besonders gern, anderen ist es unheimlich. Allen gefällt jedoch das nachtdunkle Schlussbild, auf dem die ganze Familie warm aneinander gekuschelt schläft.

Die Bilder zu dieser Geschichte breiten eine gigantisch erscheinende Urzeitwelt vor dem Betrachter aus. Dieter Wiesmüller hat mit seinen Temperagemälden nicht nur die Möglichkeiten der Farbe Grün voll ausgeschöpft, sie aber besonders. Wir bewegen uns mit Pernix in einem Meer von Blättern, Gräsern, Lianen, Dickicht und Riesenfarnen. Dramatische Wolkenformationen und glühende Sonnenuntergänge machen das Bild nach oben hin komplett. Das Wetter, so sagt uns dieses Buch, ist der unbestrittene Herrscher in dieser Welt, die Macht der Natur wird sinnlich erfahrbar. Und das sind nur die Hintergründe. Wie ein begnadeter Kameramann lenkt Wiesmüller die Blicke, indem er das Wesentliche scharf fokussiert, die Vorder- und Hintergründe dagegen verwischt darstellt, mit einer Technik, die sie so organisch wirken lässt wie ein dichtes Pflanzengewirr. Durch die Len-

kung des Auges auf die scharf gezeichneten Figuren läuft das Geschehen wie ein Film vor dem Betrachter ab, es entsteht der Eindruck von Bewegung.

Pernix geht aus seinem aufreibenden Überlebenskampf als Sieger hervor, seine Familie bleibt einstweilen unversehrt. Manchen Erwachsenen wird hier allzu direkt vom Fressen und Gefressenwerden erzählt, und es gibt Kinder, die zunächst vor dem einen oder anderen Bild erschrecken. Mit den Verständigeren unter ihnen können sich interessante Gespräche ergeben – über die Veränderung der Welt, über unsere Strategien für das Überleben und die Sicherheit zu sorgen, über die Nahrungsbeschaffung und das Familienleben. Aber auch die Kleineren spüren, dass es hier um etwas Existenzielles geht – um die Wichtigkeit eines guten Zuhauses, um Flucht, Vertreibung, Gefahr und Beruhigung, und nicht zuletzt darum, wie wichtig es ist, jemanden zu haben, zu dem man gehört.

Sein erster Fisch
von Hermann Schulz und Wiebke Oeser

Es gibt in diesem Bilderbuch, das vergleichsweise wenig Text enthält, einen im wahrsten Wortsinn einschneidenden Satz. Der kleine Raul will mit seinem Großvater Henry zum ersten Mal angeln gehen. Sie bereiten alles vor. Würmer nehmen sie mit, einen Eimer, jetzt fällt der Satz: »Und ein Messer.« Dann blättert man um, Raul macht sich vorerst nur Gedanken um die Fische, die er fangen will. Das Messer spielt für ihn keine Rolle.

Angeln macht Spaß, vor allen Dingen kleinen Jungen. Angeln im Sinne von: Stöckchen mit Bindfaden ins Wasser halten. Oder in ein Aquarium aus Pappe, aus dem man dann mittels eines kleinen Magneten einen Plastikfisch herauszieht. Dass richtiges Angeln mit Leben und Tod zu tun hat, daran denkt Raul nicht, als er mit seiner neuen Angel zum Strand zieht. Am dramatischsten Punkt dieses Bilderbuches erzählt Hermann Schulz von dem Moment, in dem aus dem Spiel nicht nur für den Fisch Ernst wird. Der kleine Raul hatte eigentlich mit einem spaßigen Strandausflug gerechnet, als er mit seinem Großvater und der Angel loszog. Im Verlauf der Erzählung gerät er in Bedrängnis, zeitweise geht es ihm nicht gut. Plötzlich befindet er sich in einer Art Reifeprüfung. Aber er besteht sie.

Dass wir ein Tier töten, um es zu essen – ist das nicht ein zu schwieriger, grausamer Stoff für ein Bilderbuch? Nicht, wenn man das Thema so behandelt, wie Hermann Schulz und Wiebke Oeser es tun. Wiebke Oesers heitere Buntstiftbilder geben der Geschichte einen sommerlich frischen Grundton, ohne ihre dunklen Seiten zu übertünchen. Die Vorfreude auf den Angelausflug, der Zwiespalt in der Entscheidungsnot, der Ernst des Großvaters und die Entspannung, als die Sache entschieden und vollzogen ist – all das spiegelt sich in den kindlichen Zügen und in der Körperhaltung der beiden. Das Meer umgibt sie in vielen Farbabstufungen zwischen Blau und Grün, und in der Krise ist es ein wenig dunkler als vorher und nachher. Dass es wieder heller wird, korrespondiert ebenfalls mit der Atmosphäre der Geschichte. »Raul beruhigte sich nur langsam. Er war traurig, wenn er an den Fisch dachte. Aber gleichzeitig war er auch ein bisschen stolz«, lauten die letzten Sätze. Wiebke Oesers Bilder begleiten Raul und den Großvater auf sympathische Weise bei ihrem elementaren Erlebnis. Sie behindern die Geschichte nicht, tragen sie aber auch nicht. Dafür sind sie zu verspielt; auch sind die Gesichter und Haltungen der Figuren zu wenig eigenständig – Raul und sein Großvater zum Beispiel könnten so, wie Wiebke Oeser sie sieht, ebenso gut Brüder sein.

Vor allem aber ist der Text zu stark für diese Illustration. Er ruft zwar nach Bebilderung, würde aber auch ohne sie auskommen. Hermann Schulz, der langjährige Leiter des Peter Hammer Verlages, ist als Autor zuvor mit hoch gelobten Jugendbüchern in Erscheinung getreten. »Sein erster Fisch« ist seine erste Bilderbuchgeschichte. Bei aller Kürze ist aber auch hier alles enthalten, was Hermann Schulz' Erzählen packend macht: Er hat keine Scheu vor elementaren Themen, er schreibt klar, trocken, präzise und er nimmt kein Wort zu viel. Das macht seine Personen glaubwürdig.

In dieser Geschichte, in der es um Verantwortung und Vertrauen geht, ist es besonders wichtig, dass der Großvater eine integre Figur ist. Wenn am Anfang erwähnt wird, dass Henry ein paar Tage allein sein will, um nachzudenken, wir dann aber nicht erfahren, worüber, dann trägt das mit dazu bei, dass wir, wie Raul, diesen Mann ernst nehmen. Er ist kein Bilderbuch-Opa, sondern eine Person, die uns etwas zu sagen hat. Er hat sogar so viel Autorität und Souveränität, dass er Raul nicht die Last der Verantwortung für den Fisch abnimmt, sondern ihm diese Verantwortung nur deutlich macht. Und dann hält er dem Kind alle Wege zu einer bewussten eigenen Entscheidung offen, auch gegen die Proteste der bigotten Gäste aus dem Strandrestaurant, die beim Fisch-Essen nicht durch den Anblick eines auf dem Steg zappelnden Fisches gestört werden wollen.

Raul wird nach seiner Erfahrung nie so reden können wie sie, und die Kinder, die über das Bilderbuch seine Erfahrung teilen, auch nicht. Rauls Entscheidung muss jeder für sich einmal treffen. Weder Raul noch sein Großvater, weder Fischrestaurantbesitzer noch Tierschützer nehmen sie ihm ab. Wer aber schon im Fischstäbchen-Alter mit dem Nachdenken darüber anfängt, wird besser zu einer fundierten Haltung kommen. Noch dazu, wenn das Buch, das dieses Nachdenken anregt, spannend und gefühlvoll ist und nicht nur problematisiert, sondern im Gegenteil ausgiebig auch das Vergnügen des Angelns vermittelt.

»Sein erster Fisch« gibt es auch als Kurzfilm. Die Kölner Filmemacherin Ute Wegmann hat sich nah an die Vorlage gehalten, die Geschichte aber als Realfilm in Köln am Rhein gedreht. Das erhöht die Spannung, das Vergnügen und den Wirklichkeitsbezug. Nähere Informationen bei utewegmann@aol.com.

Gehört das so??!
von Peter Schössow

Es gibt Dinge, mit denen kann man sich nicht abfinden. Der Tod gehört dazu, der eigene genauso wie der Tod eines geliebten Menschen. Die amerikanische Lyrikerin Edna St. Vincent Millay beschreibt in einem anklagenden Gedicht mit dem zentralen Satz »Ich finde mich nicht ab« diese Weigerung. In der letzten Strophe heißt es:

Tief, tiefer als tief in das Dunkel der Gruft,
Sanft gehen sie, die Schönen, die Zarten, die Guten, ins Grab;
Die Klugen, die Heitern, die Starken gehen still, wenn es ruft.
Ich weiß es. Ich billige nicht.
Und ich finde mich nicht ab.

Es ist ein melancholisches, trauriges Gedicht, natürlich. Denn es scheint kaum möglich, über dieses Nicht-abfinden-Wollen auf heitere, lösende Weise zu sprechen. Noch schwieriger ist es, Bilder dafür zu finden, die nichts beschönigen, nicht lügen und dennoch der Traurigkeit für einen Moment die Schwere nehmen und zu einer Lösung im wahren Wortsinn beitragen. Seit der Antike laufen die Versuche der Dramatiker über die Bühnen, dies darzustellen, und wenn es gelingt, dann feiern die Schauspielhäuser Sternstunden.

»Gehört das so??!« von Peter Schössow ist eine solche Sternstunde im Bilderbuchformat. Seine Heldin ist eine Meisterin darin, sich nicht abfinden zu wollen, und seine Wir-Erzähler, eine Truppe von sechs seltsamen Wesen, sind Meister darin, Trauer-Hilfsarbeit zu leisten und zur Lösung beizutragen. Peter Schössow wiederum ist ein Meister darin, diesen Vorgang so zu zeigen, dass man sich wundert, kichert und sich freut statt traurig zu werden. Zuerst kommt das Wundern: Was ist das für ein Mädchen, das da durch den sonnendurchfluteten Park fegt? Mächtig geladen ist sie, das zeigt die Staubwolke hinter der altmodischen Altedamenhandtasche, die das Kind hinter sich über den Kies schleifen lässt. Aus dem Wundern wird Bewunderung: Dieses zornige Mädchen im roten Kleid schafft, was viele sich wünschen, aber nur ganz wenige wagen. Sie trägt ihren Kummer komplett nach außen, als wäre es der Kummer der ganzen Welt, und das ist er ja letztlich auch. Einen »Kometen des Kummers« nannte die Autorin Karla Schneider sie in ihrer Rezension des Buches sehr treffend. Das Kind zieht ruhelos durch das Grün, bleibt hin und wieder stehen und überrascht die verständnislosen Parkbesucher mit ihrer verzweifelten Anklage: »Gehört das so??!« Dabei ballt sie die Fäustchen auf eine Weise, die alles über ihren hilflosen Zorn sagt. Und ihre sechs seltsamen Zuschauer wundern sich, sehen aber trotzdem genau, dass dieser bislang noch namenlose Kummer für dieses Kind zu groß ist, und tun das einzig Wahre: einfach mal fragen.

Peter Schössow hat die abgrundtiefe Traurigkeit, wie sie zwischen Millays Zeilen steht, in seinem Buch ebenso dargestellt wie die behutsame und heitere Lösung von ihr, und beides gleich ernsthaft. Obwohl es doch nur um einen toten Kanarienvogel geht.

Mit dieser Banalität mitten im antikischen Schmerz kommt eine große Leichtigkeit in die Sache, ohne dass sie dadurch lächerlich gemacht würde. Gleichwohl: Der Betrachter kichert. Der Erwachsene wohl noch eher als das Kind, denn des Vogels Name ist Elvis – eine Pointe, die nur die Großen genießen werden, erst recht, nachdem die Heldin vorher ausführlich von der Sangeskunst ihres verstorbenen Freundes geschwärmt hatte. Aber Reden allein hilft nicht. Die sechs Anteilnehmer tun wieder das einzig Wahre: Sie setzen ein Ritual fest, wie die Sache zu begehen sei. Sie erkennen die Trauer an und handeln dann unverzüglich, weil sie das besser können als die Leidtragende. Und dieses Ritual – das Begräbnis unter den Bäumen mit ihrem Licht- und Schattengeflimmer – es hilft. Am Ende ist das Mädchen wieder allein, darum kommt sie nicht herum. Auch abgefunden hat sich die Kleine nicht. Aber ein Schlusspunkt ist gesetzt, er war sonnenbeschienen und schmeckte süß nach Kakao und Bienenstich. Kinder können hier etwas von der Tröstlichkeit des Leichenschmauses erfahren.

Auch in seinen Bildern, die von innen heraus zu leuchten scheinen, hält Peter Schössow die Balance zwischen Melancholie und Leichtigkeit. Da ist zum einen dieses Meer von Grün – der überwältigend weitgestreckte Park, die Blätter und ihre delikaten dunklen Schattenmuster, der seidige blaue Himmel und der unwirkliche Dunst, der an perfekten Sommertagen manchmal über der Landschaft schwebt. Diese Ruhe und Friedlichkeit werden durch das Querformat des Buches noch betont und ausgedehnt – es sind Bilder zum Ausatmen. Mitten in dieser Beschaulichkeit aber bewegen sich Schössows Gestalten. Die waren schon immer seltsam mit ihren nur angedeuteten Gesichtern und den rüssel-

ähnlichen Nasen. Hier scheinen sich die Sonderlinge aus allen seinen bisherigen Büchern zu versammeln, noch dazu in völlig unpassenden Proportionen zueinander. Sie reißen nicht nur die Heldin, sondern die ganze Geschichte hinauf aus der Trauer-Tiefe, und in der Ausübung ihrer gemeinsamen Aufgabe wirkt ihre sonderbare Zusammenstellung wieder harmonisch. Mit dem Text ist es nicht anders, er ist von hinreißender Lakonie: »Ganz schön merkwürdig, fanden wir«, heißt es, als die Freunde das Kind entdecken und beobachten. Später, sehr knapp: »In der Tasche lag ein kleiner gelber Vogel und war tot.« Es fällt kein Wort zu viel – eine große Kunst, wenn es ums Trösten geht.

Bei aller Begeisterung über dieses klug komponierte Buch muss auch gewarnt werden: Es wird nicht allen Kindern sofort nahe kommen. Das liegt an dem norddeutsch-spröden Charme, den es verströmt, statt gefällig zu sein. Mit kühlem Humor kommt es daher, das aber ganz von Herzen. Das ist eine sehr wohltuende, geradezu höfliche Art, mit einer Tatsache umzugehen, mit der sich keiner so leicht abfinden kann.

Lange Zeit war das Thema Tod ein Tabuthema des Bilderbuches. Neuerdings aber gibt es sehr viele Titel, die sich ihm auf unterschiedliche Weise nähern. Meist tun sie es deutlich gefühlvoller – und sentimentaler – als Peter Schössow. Am besten lösen es in meinen Augen mal wieder die Skandinavier. »Kannst du pfeifen, Johanna?« von Ulf Stark und Anna Höglund ist eine wunderschön verrückte Lausbubengeschichte (Carlsen Verlag). Witzig und sehr ehrlich ist »Erik und das Opa-Gespenst« von Kim Fupz Aakeson und Eva Eriksson (Oetinger Verlag). Und wer alles, was ein Kind über den Tod wissen will, auf informative und zugleich wirklich spaßige Weise lesen und sehen will, für den ist das einmalige Sachbilderbuch »Und was kommt dann?« von Pernilla Stalfelt ein Muss (Moritz Verlag).

Blauer Hund
von Nadja

Dieses Buch ist intensiv in jeder Hinsicht. Möglicherweise ist es manchen Lesern *zu* intensiv. Allein schon die Farben knallen den Augen nur so entgegen: das Gelb einer reifen Zitrone, das durchdringende Türkisgrün einer bemalten Holztür im Sommer, das rotkäppchenrote Kleidchen des kleinen Mädchens, das die Hauptrolle spielt – und vor allem das an Yves Klein erinnernde Königsblau des großen Hundes, der dem Buch seinen Titel gibt. Es ist der Hund, den das Mädchen liebt. Und als wollte sie das mächtige Tier ganz und gar unvergesslich machen, hat die französische Künstlerin Nadja ihm auch noch gletschergrün blitzende Augen in seinen majestätischen blauen Kopf hineingemalt.

Vital und herausfordernd ist auch der Stil der Bilder. Alles ist nah herangeholt, alles wirkt bewegt. Licht und Schatten sind scharf gegeneinander gesetzt – viele Szenen sind dramatisch beleuchtet wie für einen Film, bei dem man Unheilvolles ahnt. Nadjas Pinselstrich wirkt ungeduldig, fast wild in seiner Expressivität. Bildaufbau und Gewichtung der Figuren sind teilweise naiv wie bei Kindergemälden. Feine Zeichnungen sehen wir hier nicht, eher die ungestüme Geste und ausladende Flächen, mal gleißend hell, mal düster, mal beides direkt nebeneinander. Wo keine Flächen sind, geht es noch wilder zu: Flirrende Sonnenflecken im Gras, wirres Unterholzgeflecht, als sich das Kind im Wald verirrt, machen manche Doppelseiten zu einem diffusen Schau-

Erlebnis. Dennoch hält sich die Expressivität in Grenzen. »Blauer Hund« ist kein künstlerisch abstraktes Buch, wie es meist nur Erwachsenen gefällt. Geradezu gefällig in ihrer hübschen Mädchenhaftigkeit ist die Hauptfigur Charlotte, und es gibt auch sonst einige kitschige Elemente in dieser Illustration. Diese Spannung zwischen naiven Anteilen einerseits und bewusstem Einsatz künstlerischer Mittel andererseits (wer will, kann Bezüge zu berühmten Werken der Moderne finden) trägt mit zu der Wirkung bei, die dieses Buch auf seine Betrachter ausübt.

Wieder einmal zeigt sich die besondere Wirkung eines Buches, dessen Bilder und Text aus einer Hand stammen. Sie intensivieren sich gegenseitig. So stark, wie die Farben aus den Seiten dieses Buches herausleuchten, so stark sind auch die Gefühlserlebnisse, von denen es erzählt: Liebe, Angst, Gewalt, Sehnsucht nach Schutz, Vertrauen, Erlösung. Wenn Kindergartenkinder bei Umfragen dieses Buch als dasjenige bezeichnen, das ihnen am meisten bedeutet (»bezeichnen« übrigens im direkten Wortsinn: »Blauer Hund« hat viele Kinder zum Malen großflächiger Bilder mit viel Blau animiert), dann liegt das sicherlich an der Unverwandtheit, mit der Nadja diese großen Gefühle in Wort und Bild anspricht. Die Energie, die den Betrachter aus den Bildern geradezu anspringt – ganz so wie der blaue Hund im kritischsten Moment des Geschehens seinen Gegner, den schwarzen Panther, anspringt –, ist manchem Erwachsenen dagegen zu direkt. Zumal die Geschichte nicht durch und durch erklärbar und verständlich ist. Es ist eine Art umgekehrter »Rotkäppchen«-Variation. Charlotte, ein von ihren Eltern geliebtes, behütetes kleines Mädchen, trifft auf einen großen, blauen Hund und freundet sich mit ihm an. Auf Wunsch ihrer Mutter muss sie ihn fortschicken. Als sie sich

kurz darauf im Wald verirrt, ist er ihr Retter in der Nacht. Während sie schläft, kämpft er um ihr Leben und bringt sie am Morgen sicher zurück nach Hause. Von nun an bleiben die beiden zusammen, für immer, wie der Hund ihr versichert.

Die meisten Versuche, diese Geschichte zu deuten, gehen in die tiefenpsychologische Richtung. Sicher ist, dass Kinder von der Idee einer fremden Beschützermacht fasziniert sind, und dass sie es besonders genießen, wenn dieses Wesen Gewalt ausübt, um ihren Schützling zu retten. Der Kampf der beiden wilden Tiere um das kleine Mädchen, bei dem sich der schwarze Panther und der blaue Hund fast gegenseitig zerfleischen, ist hier besonders wichtig, allerdings nur in Zusammenhang mit seinem beruhigenden Ende. Es ist Nadja hoch anzurechnen, dass sie hier sehr aggressive Bilder zeigt und Worte wie »zerfleischen« benutzt. So erhält die existenzielle Angst jedes Kindes vor dem Verlassensein einen erträglichen, weil märchenhaft verfremdeten Ausdruck. Wenn meine Eltern nicht da sind, brauche ich trotzdem keine Angst zu haben, es gibt Liebe, Schutz und Intimität auch außerhalb der Familie – das scheint die Botschaft zu sein, die viele Kinder Charlottes Abenteuer entnehmen. Auch eine Lesart, die den blauen Hund als Teil der kindlichen Psyche versteht, den das Kind aufruft, um sich seiner eigenen Kraft zu versichern und sich zu vervollständigen, ist denkbar. Viele Kinder leben auf diese Weise mit einem Fantasiewesen zusammen, viele Geschichten erzählen davon. Es gibt also einige Möglichkeiten, dieses moderne Märchen zu deuten. Seine Wirkung ist aber bei allen gleich, auch wenn sie paradox klingt: Für die Kinder, die ihn kennen, ist es eine aufregende Beruhigung, dass der blaue Hund da ist. Und dass die Erwachsenen ihm das erlauben.

Für alle, die gaaaar keine Angst vor Wölfen haben

Peter und der Wolf von Sergej Prokofjew und Frans Haacken

Neben den Grimm-Märchen, in denen vom Wolf erzählt wird, ist dies wohl die berühmteste Wolfsgeschichte. Anfangs gab es sie nur als musikalisches Märchen: Sergej Prokofjew schrieb es 1936, angeregt durch einen Besuch in einem der Moskauer Kindertheater, die damals eine Blüte erlebten. Das Werk war von Anfang an als Stück komponiert und konzipiert, das auf einer Bühne aufgeführt werden sollte. Und es war eines der ersten – und ist immer noch eines der besten – Musikwerke, die beides ernst nehmen und miteinander vereinbaren: die Musik und ihre Möglichkeiten im Orchester und zugleich die besonderen Wünsche eines kindlichen Publikums. Die Bilderbuchausgaben folgten später, in Deutschland erst im Jahr 1958. Warum sollte man auch noch etwas illustrieren, das durch die Musik bereits ganz ideal bebildert ist?

Vielleicht, weil die Geschichte einfach zu gut ist, um nicht alle ihre Interpretationsmöglichkeiten auszuschöpfen. Sie enthält allein schon im Text starke Bilder, die geradezu danach rufen, aufgemalt zu werden. Außerdem ist sie von ihrer Anlage her universal. Der Konflikt des kleinen Jungen zwischen Gefahr und Sicherheit, Wildnis (repräsentiert durch den Wald und den Wolf) und Zivilisation (repräsentiert durch die Gartenpforte und den Großvater), zwischen Heldentum und Schutzbedürfnis – das ist ein Konflikt, den jeder Mensch erlebt, der anfängt, eigene Wege zu gehen, ob nun in einer ukrainischen Wald- und Wiesenlandschaft vor knapp hundert Jahren oder in einer deutschen Großstadt von heute.

Unter den Märchentieren ist der Wolf der schlimmste Angstgegner für die Kinder. Er ist bedrohlicher, reißerischer und »böser« als der Bär, der zwar ebenfalls gefährlich ist, aber immer auch eine warme, liebenswert-tapsige oder brüderlich beschützende Ausstrahlung hat. Im Märchen ist der Bär manchmal den Menschen nah oder sogar selbst einer, etwa als verzauberter Prinz. Der Wolf nie. Er ist immer ein Feind: einsam, unheimlich, grausam, gefräßig. Die neueren Bilderbücher sind emsig dabei, diese alten Rollenzuschreibungen aufzulösen und den Kindern sowohl den Wolf als auch den Bären (den besonders) als Freunde, Vorbilder und Identifikationsfiguren anzubieten. Während die Bären etwas stereotyp ins Niedlichkeitsfach abgewandert sind, gibt es, wenn es um Wölfe geht, interessante und witzige Ergebnisse (nicht zuletzt in den beiden hier ebenfalls empfohlenen Bilderbüchern »Steinsuppe«, s. S. 165, und »Franziska und die Wölfe«, s. S. 160). Das trägt zur Vielfalt im Spektrum der Kindergeschichten bei. Dennoch sollten diese »Softies« unter den Wölfen den guten alten, »bösen Wolf« nicht ganz und gar ablösen, denn er hat eine große Bedeutung für Kinder. Er ermöglicht die Angst und schafft für sie einen Ausweg, indem er ihr einen Namen, eine Figur, ein Erlebnis gibt.

Das gilt auch für Peters Wolf, ganz besonders in der erschreckenden Gestalt, die ihm der Illustrator Frans Haacken gab. Peters siegreicher Tag, an dem er den Wolf bezwingt, ist bei Haacken ein wahrhaft schwarzer Tag; das ganze Buch ist in Schwarz getaucht, aus dem der Illustrator das Geschehen in einer speziellen Schabtechnik herausgekratzt hat. Die Striche, Schraffierungen, Flächen und Konturen sind in Weiß und jeweils nur einer zusätzlichen Farbe zu sehen, so dass wir eine geheimnisvolle schwarz-blaue Seite sehen, auf der die Ente von blauen Wasserringen eingekreist ist, oder eine spannungsreiche schwarz-gelbe, aus der die Augen der Katze lauernd herausleuchten. Am erregendsten ist natürlich der Wolf in dem Moment, in dem er die Ente verschlingt – ein unbarmherziges Nahbild zeigt uns jeden einzelnen seiner spitzen Zähne (und auch die letzten Tränen der Ente, die sie auf sehr schicksalsergebene Weise verdrückt). Nur beim großen Triumphzug am Schluss sind alle vier Farben zusammen auf derselben Seite vertreten. Farbenfroh wird das Buch dadurch noch lange nicht. Es bleibt eine reduzierte, dramatische Bildkomposition, streng und klar wie ein Holzschnitt, und daher auch bestens geeignet, die Musik zu ergänzen, denn auf diese Weise werden die Melodien-Bilder nicht übertüncht, die man sich möglicherweise zusätzlich zum Buchbetrachten anhört. Angenehm ist auch der schlichte, fast lyrisch rhythmische Ton der Übersetzung – er zwingt den Vorleser zur Langsamkeit und Sprechmelodie.

Schwarz ist die vorherrschende Farbe dieses Buches, und dennoch wirkt das Geschehen nicht so, als fände es in tiefster Nacht statt. Das liegt am Schwung der Geschichte, aber auch an ihrem Sinn für Humor, den der Illustrator voll erfasst hat. Der dralle, frische Peter hält die Nase hoch in die Luft – und darf sie oben behalten. Das unterscheidet diese Wolfsgeschichte von den anderen Wolfsmärchen: Dort wird der Wolf in der Regel von Erwachsenen zur Strecke gebracht. Die Kinder, seien es Rotkäppchen oder die sieben Geißlein, werden zwar gerettet, aber ohne das Eingreifen der Großen wären sie verloren gewesen. Hier dagegen läuft alles unter Peters Regie, und es gelingt. Der sorgenzerfurchte Großvater vorher, die törichten Jäger mit ihrem nutzlosen Geballer hinterher – sie hatten nicht Recht. Peter ist der Held. Sehr befriedigend für alle, die gaaaar keine Angst vor Wölfen haben.

Es ist dem Verlag hoch anzurechnen, dass er die Ausgabe von 1958, die damals in beiden Teilen Deutschlands gleichzeitig erschien und hohe Auflagenzahlen erzielte, in nahezu unveränderter Form nachdruckte. Lediglich die Rechtschreibung ist der heutigen Norm angepasst. Es gibt natürlich noch andere Buchausgaben der Geschichte: Hoch gelobt wurde etwa die Version von Loriot mit den Bildern von Jörg Müller (Sauerländer Verlag). Sie ist ausdrucksstark, hat jedoch nicht die schlichte Wucht der Haacken-Ausgabe, weil sie den Schluss ein wenig abwandelt und ihm damit den Biss nimmt. Auch die opulenten, farbenfrohen Bilder weichen den Eindruck des Originals eher auf, als dass sie ihn intensivieren würden.

Für alle, die nur denken, dass sie Angst vor Wölfen haben

Franziska und die Wölfe von Pija Lindenbaum

In Bilderbüchern trifft man seit einiger Zeit verstärkt auf die so genannten »mutigen Mädchen«. Da gibt es nassforsche Prinzessinnen, die sich von niemandem sagen lassen, wen sie zu heiraten haben, oder lustige kleine Hexen, die für Zauberwirbel sorgen. Hat eine Bilderbuchgeschichte – realistisch oder nicht – eine weibliche Hauptfigur, dann kann man fast sicher sein, dass diese so richtig schön aufmüpfig ist und gegen irgendetwas lautstark aufbegehrt. Es scheint den Bilderbuchmacherinnen wichtig zu sein, weibliche Vorbilder zu schaffen, die frech und laut und lustig sind, vor Energie und Fantasie fast platzen und sich immerzu in Aktion befinden. Sie haben ein ganz schönes Arbeitspensum, die Enkelinnen Pippi Langstrumpfs! Gewinnen müssen sie ja auch immer noch.

Franziska ist nicht so eine. Sie ist eher eine ferne Verwandte der vorsichtigen Annika, die neben der Villa Kunterbunt wohnt und Pippi bewundert, aber längst nicht alles mitmachen möchte. Allerdings ist Franziska exzentrischer als Annika, aber auf so sanfte Weise, dass man es nicht gleich bemerkt. Sie ist ein Mädchen mit fest zusammengezurrten dunklen Locken und einem Gesicht, in dem zunächst Abwehr zu lesen ist. Drei Bilderbücher mit dieser stillen Heldin gibt es, und alle drei fangen mit einer Verweigerung, einer Verneinung an: »Franziska ist eine, die nicht gerne auf

Dächern rumklettert«, lautet der erste Satz von »Franziska und die Wölfe«, und wir sehen dazu eine Horde johlender Kindergartenkinder, die auf einem Spielhaus herumtobt. Dass die Kleine, die still daneben im Sand buddelt, ganz gut mit Wölfen umgehen kann (beziehungsweise mit dussligen Schafen und rüpelhaften Elchen im zweiten und dritten Band), also eine, die trotz oder gerade wegen ihrer Verweigerungshaltung einiges erlebt, sieht man ihrem Gesicht jedenfalls nicht an. Die schwedische Künstlerin Pija Lindenbaum stellt uns mit ihr ein Kind vor, das nicht zum Zeitgeist passt, aber wohl viele heimliche Geschwister unter den realen Kindern hat. Sie ist nicht besonders agil; ihre Ideen entstehen aus dem Nichts oder besser aus dem »Lieber nicht«. Dass Kreativität eine gehörige Portion Leere voraussetzt und Langeweile nötig und produktiv ist, ist eine wichtige Randbemerkung der Botschaft, die uns diese Franziska vermittelt.

In der Hauptsache aber geht es mal wieder um die Angst. Frau Köpke, die dicke Kindergartentante, kann noch so oft »Na, das wird ein Spaß!« rufen – Franziska ist es nicht wichtig, dass irgendetwas Spaß macht. Hauptsache, es ist nicht gefährlich und es entsteht nicht zu viel Trubel dabei. Als der Kindergarten einen Waldausflug macht und sie die anderen aus den Augen verliert, bleibt sie einfach sitzen, wo sie ist. Bloß nicht bewegen, dann passiert auch nichts, scheint ihr Motto zu sein. Das ist das Erholsame an dieser Bilderbuch-Antiheldin: Sie lässt ihren Ängsten und Schrullen freien Lauf – und erlebt dabei eine Menge.

Zum Beispiel die Nacht mit den Wölfen. Als die grauen Gesellen, fünf große Wölfe und ein niedliches Wolfskind, hinter den Baumstämmen hervorschleichen, hat Franziska gar keine Zeit, Angst zu kriegen – Leute, die sich vor jeder Kleinigkeit fürchten, sind oft erstaunlich sicher, wenn es um Größeres geht. Die struppigen Tiere mit den gelben Augen und scharfen Zähnen sind keine Intelligenzbestien, das merkt Franziska gleich. Sie ist von Anfang an die Bestimmerin, besetzt also, ohne groß darüber nachzudenken, sofort die Position des Leitwolfes. Sie bringt den Tieren Spiele bei, versorgt und belehrt sie, schickt sie vor dem Schlafengehen zum Pinkeln hinter die Bäume. Da hocken sie und schauen mit müden Augen hinter den Stämmen hervor, während es »klingt, als würde es im Wald regnen« – ein Bild, das Kinder zuverlässig zum Kichern bringt.

Nicht nur Franziskas resolute Art, mit den Tieren umzugehen wie eine Kindergartentante mit ihren Schützlingen, bannt den Schrecken. Auch Pija Lindenbaums karikaturhafter Zeichenstrich, mit dem sie den Wölfen sehr törichte Gesichter verpasst, entschärft die Gefährlichkeit dieser Begegnung und macht sie zu etwas, über das man erleichtert lachen kann. So ruft Pija Lindenbaum die beiden besten Helfer gegen die Angst auf den Plan: den beherzten Zugang auf das Angsteinflößende und das befreiende Lachen. Insgesamt ist diese Art, vom Umgang mit der Angst zu erzählen, leichtfüßiger und weniger existenziell-dramatisch als

etwa »Blauer Hund« (s. S. 152). Auch ist Franziska keine Herrscherin wie der kleine Max über seine »wilden Kerle« (s. S. 95). Es geht ihr nicht um Macht. Es reicht ihr, die Heldin ihres eigenen Lebens zu sein. Für eine wie Franziska – und für viele von uns anderen – ist das schon ziemlich viel.

Pija Lindenbaum, Jahrgang 1955, ist in Schweden eine beliebte Künstlerin und Designerin. In Deutschland sind ein paar skurrile Bilderbücher von ihr erschienen, die mit bissigem Witz und entlarvenden Bildern von kindlichen Wünschen und Ängsten erzählen – und von den Schwächen der Erwachsenen. Leider sind die meisten davon nicht mehr lieferbar. Zu haben ist dagegen Lindenbaums eigenwillige, wunderbare Bilderbuchversion des Märchens »Die Puppe Mirabell« von Astrid Lindgren, die erste von vielen Neuillustrationen der Lindgren-Erzählungen, mit denen ihr schwedischer Verlag die Künstlerin beauftragt hat (in Deutschland im Oetinger Verlag erschienen). Neben »Franziska und die Wölfe« gibt es im Moritz Verlag noch zwei weitere Titel mit unserer stillen Heldin: »Franziska und die dussligen Schafe« – das bizarrste der drei Bücher, mit witzigen Wortschöpfungen –, und »Franziska und die Elchbrüder«, mit denen Franziska kurz das Leben mit Brüdern ausprobiert und es ganz schnell wieder sein lässt. Nicht alle Kinder werden sofort empfänglich sein für die sanfte Exzentrik, die in den »Franziska«-Büchern herrscht – das Kind und seine Schöpferin gehören nun mal nicht zum Mainstream. Aber nach ein paar Lesedurchgängen beginnt ihr Charme dann umso nachhaltiger zu wirken.

Für alle, die eben doch Angst vor Wölfen haben

Steinsuppe
von Anaïs Vaugelade

Dies ist wohl das unheimlichste der hier vorgestellten Wolfsbücher, auch wenn der alte Wolf, der in dieser Geschichte auftritt, behauptet, nur noch einen einzigen Zahn zu haben. Was er wohlweislich verschweigt, ist die Tatsache, dass er in seinem Sack ein scharfes Messer mit sich herumträgt. Dieses Verschweigen ist charakteristisch für diese Geschichte. Im Gegensatz zu »Peter und der Wolf« und anderen klassischen Wolfsgeschichten geht es in »Steinsuppe« überhaupt nicht zur Sache. Aber die Sache – will er mich fressen, wird er mich fressen? – steht von der ersten bis zur letzten Seite als unausgesprochene Möglichkeit im Raum, und das macht dieses moderne Märchen unheimlicher als alle anderen. Der jungen französischen Künstlerin Anaïs Vaugelade ist das Meisterstück gelungen, diese zentrale Fress-Frage so gut in der Schwebe zu halten, dass sogar die erwachsenen Leser das Buch völlig gegensätzlich interpretieren. In der »Steinsuppe« steckt also ein großes Diskussionspotenzial. Und sie enthält einen für eine Bilderbuchgeschichte außergewöhnlich hohen Unsicherheitsfaktor. Dennoch geht die Geschichte gut aus und ist überhaupt nicht Angst erregend. Wie passt das alles zusammen?

Es hat wohl mit dem Essen zu tun. Anaïs Vaugelade hat die Fress-Frage mit einer Ess-Frage verbunden. Essen hilft ja meistens, wenn man Angst hat. Das gilt hier auch, noch dazu in einem erweiterten, direkten Sinn. »Steinsuppe« ist eine Geschichte vom

Kochen gegen die Angst, ohne dass das den Tieren am Suppentopf bewusst ist – auch die Angst ist ihnen kaum bewusst. Der Vorschlag kommt vom Wolf selbst. Eines dunklen Winterabends klopft er an die Tür der Henne und fragt, ob er bei ihr eine Steinsuppe kochen dürfe – den Stein hat er im Sack, die Henne soll nur den Topf mit Wasser aufs Feuer setzen. Ob er nicht doch eine leckere Hühnersuppe im Sinn hatte, werden wir nie erfahren. Denn die Henne hat wachsame Freunde, die einer nach dem anderen an ihre Tür klopfen, nachdem sie gesehen haben, wen sie da eingelassen hat. Treibt sie nur die Sorge um die Henne oder auch ein wenig die Neugier auf den Wolf, um den sich schreckliche Geschichten ranken? Auch das lässt Vaugelade offen. Keiner der neuen Gäste mag zugeben, dass er eigentlich nicht weiß, wie man Steinsuppe kocht. Ob da nicht eine Stange Lauch hineingehöre, meint die Ente. Schließlich trägt jedes Tier sein Lieblingsgemüse zu der Steinsuppe bei. Diese wird dadurch nicht nur immer schmackhafter, es verringert sich auch mit jeder weiteren Zutat die Gefahr, dass der Wolf über die Henne oder ein anderes Tier herfallen könnte. Dazu ist die Tischgesellschaft inzwischen viel zu groß. Außerdem macht Gemüsesuppe auch Wölfe satt.

Doch eine Freundschaft entsteht hier nicht. Als die Ente den grauen Gast neugierig bittet, ein paar dieser schrecklichen Wolfsgeschichten zu erzählen, antwortet er nicht. Für Zutraulichkeiten ist er nicht zu haben. Er bleibt ein Fremder für die anderen Tiere, die ihn töricht anstarren, als er nach dem Essen seinen Stein aus der Suppe holt und sich vorzeitig verabschiedet. Anaïs Vaugelade lässt ihm seine Würde als Wolf. Sie umgibt ihn mit der Aura des unberechenbaren Einzelgängers, auch indem sie ihn übergroß, dunkelgrau, mit großer spitzer Schnauze und halb geöffneten Augen (ist das ein verschlagener Blick oder ist der Alte nur müde?) darstellt. Er bleibt ein Schatten im Haus der Henne, das in einem warmen Gelb leuchtet.

Die Bilder sind klar, lakonisch in ihrer skizzenhaften Art; die Tiere sind zuweilen Karikaturen ihrer selbst. Ihr Mienenspiel spiegelt die Ambivalenz der Begegnung mit dem vermeintlich (oder wirklich?) Bösen. Ähnlich spiegeln die starken Kontraste zwischen Hell und Dunkel, kalten und warmen Farben das Zusammentreffen von Sicherheit und Ungewissheit. So ist die Illustration treffend und mitteilsam, aber sie trägt die Geschichte nicht. Man kann auch allein den Text vorlesen; er verliert dadurch

erstaunlich wenig. »Steinsuppe« ist ein Bilderbuch, das nicht unbedingt eines sein müsste – aber als solches natürlich stärker zum Sprechen und Nachdenken anregt. Etwa zum Thema Misstrauen: Hätte ich an Stelle der Henne auch den Wolf ins Haus gelassen? Oder Zivilcourage: Wäre ich an Stelle des Schweines auch gleich zur Henne geeilt? Oder Abenteuer: Was ist besser – ein sicherer, aber ereignisloser Abend ohne den Wolf oder einer mit guten Freunden, einer leckeren Suppe und einer gehörigen Portion Angst-Lust mit ihm?

Die Ergebnisse solcher Überlegungen können ganz unterschiedlich ausfallen. Das zeigen auch die Reaktionen der Rezensenten nach Erscheinen des Buches. Für einige war völlig klar, dass es hier ausschließlich um Solidarität geht – ohne ihre treuen und wachsamen Freunde wäre die naive Henne verloren gewesen. Andere sahen im Wolf einen weitgehend harmlosen, aber cleveren Gesellen, der sich eine kostenlose Suppe erschleicht und dabei noch gemeinschaftsstiftend wirkt. Es ist wohl eine Charakterfrage, ob man die Ereignisse um die Zubereitung der »Steinsuppe« grundsätzlich mit Misstrauen oder mit Zutrauen betrachtet. Wenn eine Geschichte einen solchen Test mit ihren Lesern machen kann, zwischen den Zeilen und ohne sein Ergebnis in irgendeiner Form zu bewerten, dann ist sie wie eine Suppe mit genau der richtigen Menge Salz.

Ein wenig zu viel Salz ist für meine Begriffe in der preisgekrönten Bilderbuchgeschichte »Ein Schaf fürs Leben« von Maritgen Matter und Anke Faust (2003 im Friedrich Oetinger Verlag erschienen). Dort geht es ebenfalls um einen hungrigen Wolf, der ein schwaches Opfertier aufsucht, in diesem Fall ein naives kleines Schaf. Zwar spielt die Geschichte ebenfalls mit der abgründigen Aura der Wolfsfigur, aber sie tut es auf klischeehafte, vorhersagbare Weise.

Für alle, die sich vor nichts zu fürchten brauchen

Oh, wie schön ist Panama
von Janosch

Das grüne Plüschsofa, das von der Reise nach Panama übrig geblieben ist, steht jetzt im Museum und sieht wirklich ausgesprochen gemütlich aus. Janosch hat es zusammen mit einer großen Sammlung von Originalzeichnungen dem Bilderbuchmuseum in der Troisdorfer Burg Wissem als Dauerleihgabe vermacht. Es ist ein fantastisches Lesesofa. Nur wirkt es zwischen den vielen Büchern – auch wenn es Janosch-Bücher sind – etwas verloren. Eigentlich gehört es in eine große Wohnküche, wo die Champignons und Zwiebeln an Bindfäden von der Decke hängen und der kleine Bär gerade Fisch brät oder Blumenkohl mit Kartoffeln und Salz kocht.

Der kleine Bär und der kleine Tiger, in trauter Küchenidylle vereint und nie ohne ihre Tigerente aus Holz – dieses Bild ist fast jedem, der nach 1975 in (West-)Deutschland geboren wurde, vertraut, und auch sehr vielen älteren Lesern. Die ersten Bücher über sie sind längst Klassiker der Kinderliteratur. Mit ihnen trat ihr Erfinder Janosch, der eigentlich Horst Eckert heißt, in eine neue Schaffensphase ein, und mit ihnen begannen hier zu Lande gleich drei neue Zeitalter, die bis heute anhalten.

Das eine ist die Ära der erklärten Kinderbuchbegeisterung von Leuten, die gar keine Kinder mehr sind, sich aber, wie man so sagt, ihr »inneres Kind« noch bewahrt haben. Die Geschichten vom kleinen Tiger und kleinen Bären sind offenbar wie geschaffen dafür, die kindliche Seite in erwachsenen Menschen anzusprechen. Jedenfalls wurde es gegen Ende der Siebzigerjahre, als »Oh, wie schön ist Panama« erstmals erschien, allgemein üblich, sich auch unter Erwachsenen gegenseitig mit Kinderbüchern zu beschenken. Nicht nur das: Man trug diese Vorliebe gerne nach außen, etwa in Form von kleinen hölzernen Tigerenten, die an Schlüsselanhängern oder Rucksackreißverschlüssen baumelten. Die Infantilisierung der Erwachsenenwelt hatte begonnen.

Damit einher ging der Beginn der zweiten Ära: Die kleine gelbbraun gestreifte Tigerente mit den blauen Augen kullerte auf ihren vier Rädern voraus und führte den Zug der Merchandising-Artikel an, der seitdem immer öfter hinter erfolgreichen Kinderbüchern herrollt. Inzwischen ist der Name Janosch vielen Kindern eher als Markenzeichen ein Begriff, das sich auf allen möglichen Produkten beziehungsweise im Fernsehprogramm wiederfindet, und seltener als der Name eines Buchautors. Die Tigerente hat sich aus ihrer Geschichte gelöst, so wie es nach ihr der Hase Felix getan hat (dem es gewiss am leichtesten fiel) und, traurigstes Beispiel von allen, auch Pu der Bär.

Dass dies alles – nicht nur, aber auch – mit dem Panama-Sehnsuchtsbuch von Janosch seinen Anfang nahm, hat auch mit dessen Inhalt zu tun. Womit wir bei der dritten Ära wären: Der neuen Lust an der Fantasie und am Träumerischen. 1978 erschien das Buch, in einer Zeit, da sich die Gedanken der antiautoritären Bewegung bis hinein ins Bilderbuch durchgesetzt hatten – und anfingen zu langweilen. Nach diesen Vorstellungen war zu viel Fantasie Eskapismus. Die Kinder sollten lernen, sich mit der Realität auseinander zu setzen und diese dann zu verändern. Träume waren nicht gefragt. Es war die Zeit der etwas tristen Schwarz-Weiß-Zeichnungen und der Illustration mit Fotos (»Zeig mal«, das Aufklärungsbilderbuch von Will McBride, stand damals hoch im Kurs bei den antiautoritären Eltern, und die Kinder fanden es auch recht interessant). Die fotorealistischen Bild-Panoramen von Jörg Müller und Jörg Steiner prangerten eindrucksvoll die Sünden des modernen Städtebaus an. Daneben gab es natürlich die üblichen traditionellen Bilderbücher, die hübsch bunt und harmlos waren, auch mal verschmitzt gereimt, wie etwa die Bücher mit Texten von James Krüss. Was fehlte, war etwas dazwischen: freiere, farbenfrohe Illustrationen und Geschichten, die die Fantasie nicht nur in eine vorgegebene Richtung lenken wollten. Bücher also, die echte Geschichten zu erzählen hatten und deren Autoren sich nicht von den sehr festen Vorstellungen der Büchervermittler beeinflussen ließen. Damals war das nicht einfach.

In dieses Vakuum hinein erschien »Oh, wie schön ist Panama«, und es war wie eine Erlösung: endlich etwas Positives, das nicht zugleich hoffnungslos altbacken war! Endlich eine Geschichte, die man nicht sofort eins zu eins ins gesellschaftspolitisch Relevante umzusetzen hatte (dass es dennoch möglich war und das Buch daher in den Augen einiger Vermittler und vor allem vieler Vermittlerinnen deutliche Mängel aufwies, zeigte sich nach einer Weile dann doch). Endlich eine Geschichte zum Träumen und Herumspinnen. Noch dazu erschien es im über jeden Zweifel erhabenen Verlag Beltz & Gelberg, wo fast alle Kinderbücher herkamen, die gerade angesagt und politisch legitimiert waren, und sein Umschlag war genauso revolutionär leuchtend orange wie der vom ganz und gar aufmüpfigen »Nein-Buch für Kinder«.

»Oh, wie schön ist Panama« ist nicht deswegen ein Klassiker geworden, weil es eine willkommene Abwechslung zur angesagten politischen Korrektheit bot. Heute wie damals ist die Sorglosigkeit, die das Buch auf jeder Ebene – Inhalt, Bilder, Sprache – ausstrahlt, seine größte Kraft. Allein schon die hemmungslos zufriedene Beschreibung der Idylle, in der Bär und Tiger leben, ist hinreißend: »›Uns geht es gut‹, sagte der kleine Tiger, ›denn wir haben alles, was das Herz begehrt, und wir brauchen uns vor nichts zu fürchten. Weil wir nämlich auch noch stark sind. Ist das wahr, Bär?‹ – ›Jawohl‹, sagte der kleine Bär, ›ich bin stark wie ein Bär und du bist stark wie ein Tiger. Das reicht.‹«

Das reicht eben nicht. Es folgt die Unruhe, die satte Leute manchmal befällt, die Sehnsucht nach etwas anderem. Eine Kiste mit der Aufschrift »Panama«, die nach Bananen riecht, ist der Auslöser – »oh, Panama ist das Land meiner Träume!«. Der Rest ist bekannt: wie sie aufbrechen, dem selbst gebauten Wegweiser folgen, einmal zu oft nach links abbiegen und schließlich das Land ihrer Träume von oben aus einem Baumwipfel heraus erblicken und dann einnehmen – ihr eigenes Stückchen Land am Fluss, ihr eigenes Häuschen –, und wie sie dann ihr eigenes glückliches Leben wieder neu aufnehmen, als wäre es ein anderes. Daheim ist es doch am schönsten – ist das die Botschaft der Geschichte? Manche Kritiker, die sie so verstanden, haben das Janosch übel genommen. Zwischen all den Kinderbüchern, die den Aufbruch und die Veränderung propagierten, erzählte hier eines vom Zuhause und vom Auf-dem-Sofa-Liegen als Gipfel des Glücks. Das hat natürlich provoziert. Der Erzähler der Geschichte wendet sich am Schluss selbst an die Leser und erklärt, wie das zum Anfang gerundete Ende zu verstehen ist. Er verweist auf die Erfahrungen, die unsere beiden Helden gemacht haben. Man muss schon mal vor die Tür gehen, um sich für eine Lebensweise zu entscheiden, auch wenn es dann doch wieder die von vorher ist, plus Sofa.

Mitten in einer Zeit voller Botschaften war es Janosch nicht allzu wichtig, eine Botschaft an die Kinder zu richten. Genau wie es ihm nicht wichtig war, schnurgerade Linien zu zeichnen, über die niemals ein Pinselstrich Wasserfarbe hinausgeht. Oder hundertprozentig verständlich zu schreiben. So kommen wir zu den zittrigen Umrissen seiner Figuren, zu den unregelmäßigen Schattierungen von Küchenwand oder Himmel, zu den Bildumrandungen, die einen Kringel Schornsteinrauch nach oben durchlassen. Vor allem kommen wir so zu dem typischen Janosch-Sound, dieser Sprache, die so gar nicht aus einem Guss ist und Märchenton, direkte Leseransprache, antiquierte Floskeln und Kindermund wild und scheinbar zufällig durcheinander mischt. Diese Unbekümmertheit ist vielleicht das Wichtigste am ganzen Janosch. Achtmal wird in dieser Geschichte betont – meist vom kleinen Tiger –, wie gut es sei, dass man sich vor nichts zu fürchten brauche. Die Sorglosigkeit und Großspurigkeit, mit der Janosch kritzelt, kleckst, schwadroniert und das Blaue vom Himmel herunterpalavert, ist die einzig wahre und wunderbar stärkende Antwort auf die bange Frage, die der Tiger hier im Namen vieler Kinder stellt.

Um die 300 Bücher soll Janosch veröffentlicht haben. Neben den weiteren Bänden über den kleinen Tiger und den kleinen Bären (besonders wichtig ist das bei Diogenes erschienene »Ich mach dich gesund, sagte der Bär«) sind seine früheren Arbeiten interessant. Oft sind diese Geschichten und Bilder herber und melancholischer. Wie etwa das sehr rührende Bändchen »Mein Vater ist König«. Ein sehr glückliches und beglückendes Buch ist »Das Regenauto« (beide leider vergriffen). »Janosch erzählt Grimms Märchen« dagegen ist hoffentlich für alle Zeiten lieferbar.

Für alle, die Tiere, ihre Mutter und spannende Geschichten lieben (in dieser Reihenfolge)

Der Tigerprinz
von Chen Jianghong

Unter den hier vorgestellten Bilderbüchern sind einige mit einer spannenden Geschichte, aber keines ist so spannend wie »Der Tigerprinz«. Wer »Blauer Hund« (s. S. 152) kennt, wird das kaum glauben mögen: Kann es etwas Packenderes geben als diese vitale, farbschreiende, bedrohliche Geschichte, die auf ihrem Höhepunkt den erbitterten Kampf zweier Bestien um Leben und Tod abbildet? Der seit Jahren in Paris lebende chinesische Künstler Chen Jianghong beweist es im dritten Bilderbuch, das von ihm in Deutschland erschien. Er hat sich in der Kunst des Auswerfens eines Spannungsbogens von Buch zu Buch gesteigert: Während »Ein Besuch in der Pekingoper« eher den Reiz des Fremdartigen hat, ist die Geschichte von »Han Gan und dem Wunderpferd« wesentlich dramatischer und konfliktbetonter und kommt dem westlichen Betrachter schon deutlich näher. »Der Tigerprinz« aber ist Chen Jianghongs Meisterstück, weil es mit allen seinen Elementen – Illustrationsweise, Bildaufteilung, Motivik, Handlung, Dramaturgie, Erzählstil – die meisten seiner Leser und Zuschauer nicht nur anzieht, sondern sie ergreift.

Der Grund dafür muss darin liegen, dass Chen Jianghong sowohl die Spannung seiner Geschichte als auch alle Emotionen, die in ihr stecken, in jedes dieser Elemente mit hoher Dosis hineininjiziert hat. Während die Geschichte von »Blauer Hund« immer dramatischer wird, werden es die Bilder auch – aber sie bleiben dabei stets auf derselben Darstellungsebene. In »Tigerprinz« dagegen erlebt man auf allen Ebenen Kontraste. Besonders die Bilder verändern sich mit großer Dynamik entsprechend dem Verlauf der Ereignisse. Das Ergebnis vibriert zwar förmlich vor Energie, aber vor den Augen des Zuschauers entsteht dadurch keine Unruhe oder gar Disharmonie. Der Spannungsbogen bündelt alle Elemente immer so eng zusammen, dass eine Atmosphäre entsteht, der man sich kaum entziehen kann – es sei denn, man blättert nur eilig hindurch, sieht flüchtig einen aufgerissenen Tigerrachen und weigert sich von vornherein, sich einer solch dramatischen Geschichte auszusetzen.

Schon das Titelblatt löst beim Betrachter zugleich Beunruhigung und Beruhigung aus: Ein kleines Kind sitzt rittlings im weit aufgerissenen Maul eines Tigers und klammert sich an seinen Lefzen fest, als säße es im Tragetuch vor dem Bauch seiner Mutter. Es ist ein Bild des Friedens in einer eigentlich tödlichen Situation – und nur das erste Gegensatzpaar von vielen. In diesem Abenteuermärchen vom kleinen Prinzen Wen, der zur Rettung seines Volkes einer wütenden Tigerin überbracht wird, bei ihr aufwächst und sie mit dem aufgebrachten Volk versöhnt, treffen auf nahezu jeder Doppelseite ähnlich starke Kontraste aufeinander. Da geht es um die Spannungen zwischen Mensch und Tier (die Tigerin ist so gefährlich geworden, weil Jäger ihre Jungen getötet haben); um Wildnis und Zivilisation (Wen lernt beides so gut kennen, dass er am Schluss weiß, was ein Tiger wissen muss); schließlich um Gewalt und Friedens-Geborgenheit (sowohl die Tigerin als auch Wens Vater lernen, die Gewaltspirale zu unterbrechen).

Einige Geschichten, die wir aus der Literatur kennen, klingen hier an. Schon in der Bibel brachte Abraham seinen Sohn fast zum Opfer dar – das Bild von Wens Eltern, wie sie ihren winzigen Sohn über eine schmale Brücke in den Dschungel schicken, erinnert daran. Man denkt an Kiplings »Dschungelbuch« und die vielen Geschichten über Wolfskinder. Und großartige Naturbilder sehen wir hier, die Tarzan-Szenen heraufbeschwören. Das einsame Kind, das in der Wildnis mit den Tieren aufwächst, ist ein archaisches Motiv. Auch Chen Jianghong hat es nur aufgegriffen. Im Anschluss an die Geschichte sehen wir eine Zeichnung des chinesischen Bronzegefäßes aus dem 11. vorchristlichen Jahrhundert mit der Bezeichnung *Tigerin*, das ihn zu der Geschichte inspiriert hat: Zwischen den Fangzähnen des stilisierten Tieres ruht sicher ein kleiner Mensch.

Dies alles klingt hier aber nur an. Wichtiger als all diese Bezüge ist, wie stringent und unabhängig Chen Jianghong die ganz persönliche Geschichte des kleinen Wen herausgearbeitet hat, so dass viel mehr daraus wurde als eine Zitatensammlung um ein weiteres Erlöserkind in der Kinderliteratur. Dieses Mehr hängt auch stark von der kraftvollen Bebilderung ab, in der sich die Kontraste der Geschichte besonders dynamisch ausdrücken. Dröhnende, düstere Farbflächen wechseln sich mit zart hingetupften hellen Tuschefarben ab und diese wiederum mit filigranen Federzeichnungen. Mal ist die reißende Tigerin groß im Bild, grob umrandet von fingerdicken schwarzen Konturen vor dunkelgrau-dräuendem Himmel. Dann wieder ersteht der Urwald mit seinen vielen Grüntönen und undurchdringlichem Pflanzengewirr vor den Augen der Zuschauer – und dieser Ausdruck passt hier genau, denn man erlebt bei jedem Umblättern einen Szenenwechsel. Die Blattaufteilung folgt

ebenfalls der Dynamik des Geschehens: Schmalere Bildstreifen zeigen Wen mit seinem Bündel durch den Urwald laufend, Wen unter einem Baum schlafend. Später kommen, breiter angelegt und mit steigender Dramatik, viele anrührende Studien über Tigerin und Kind in den wechselnden Phasen ihrer Annäherung.

Chen Jianghong scheut sich nicht, große Gefühle unverschlüsselt, teilweise plakativ, darzustellen. Den Sehgewohnheiten der Kinder von heute, die an relativ leere Disneygesichter mit wenigen mimischen Variationsmöglichkeiten gewöhnt sind, kommt diese Direktheit entgegen. Das Buch eröffnet ihnen zugleich aber die Möglichkeiten von Tiefe und Ausdruck, die sie seltener erleben. Es mag sein, dass manchem Erwachsenen dieses exotische Königsmärchen zu melodramatisch daherkommt – und bei Kindern, die entsprechend veranlagt sind, drückt es auf die Tränendrüse. Die Themen, die hier abgehandelt werden – Mutterliebe, Abschied von den Eltern, Verantwortung tragen, Erlösung, Versöhnung, weit reichende Entscheidungen –, sind reichlich groß für einen kleinen Bilderbuchjungen, und sie werden im Eifer des Gefechts der Geschichte auch nur kurz angeschlagen. Aber der »Tigerprinz« gleicht zu Recht einer großartigen Theaterinszenierung. Nicht auf das direkte volle Verständnis kommt es an, sondern auf den Nachhall. Wie auch »Blauer Hund« und andere Bilderbücher, die hier vorgestellt werden, wird »Tigerprinz« anregen: zum Nachdenken, zum Reden und zum Träumen.

Der kleine Häwelmann von Theodor Storm und Else Wenz-Viëtor

Für Unersättliche? Das sind wir doch alle. Dann geht dieses Buch uns alle an? Tatsächlich scheint das Märchen vom »kleinen Häwelmann« jedermann vertraut zu sein. Zumindest der Lieblingsschrei des kleinen Helden ist fast jedem Erwachsenen in Deutschland geläufig und wird immer wieder zitiert: »Mehr! Mehr!« Denn dieses Märchen gehört zu jenen, die auch unsere Urgroßmütter schon kannten. Es ist einer der Klassiker, die von Generation zu Generation weitergereicht werden. Die Geschichte, die Theodor Storm 1849 schrieb, als sein erstgeborener Sohn Hans zur Welt gekommen war, ist seitdem ununterbrochen in Deutschlands Kinderzimmern zu Hause. Sie wurde in nahezu jeder Epoche gern gelesen, in der Weimarer Republik ebenso wie unter der Nazi-Diktatur, in der DDR genauso wie im wiedervereinigten Deutschland. Auch heute noch gehört die Ausgabe mit Else Wenz-Viëtors Bildern zu den Longsellern des Lappan Verlages. Seit 1926, als es erstmals – im inzwischen eingegangenen Stalling Verlag – in dieser Form erschien, sind mehr als 300 000 Exemplare verkauft worden, gleichmäßig über die Jahre verteilt, wie der Verlag mitteilt. Ein Ende dieser Erfolgsgeschichte ist nicht in Sicht.

»Der kleine Häwelmann« ist also seit rund 150 Jahren ein Lieblingskind der tatsächlich gelesenen Kinderliteratur, zugleich aber erstaunlicherweise ein Stiefkind der Literaturwissenschaft. Er scheint durch die verschiedenen Raster hindurchzufallen: Wer sich wissenschaftlich mit Theodor Storm beschäftigt, vernachlässigt den »Häwelmann«, zumal er auf den ersten Blick einfacher und kunstloser daherkommt als viele andere Werke des berühmten norddeutschen Dichters. Vielleicht aber auch, weil Storm es explizit als Kindermärchen betitelte. In der Kinderliteraturwissenschaft wiederum findet es so gut wie keine ausführlichere Erwähnung, selbst nicht in Zusammenhang mit seiner überaus emsigen und erfolgreichen Illustratorin Else Wenz-Viëtor. Es mag sogar mit ihr zusammenhängen: Obwohl es nicht von vornherein als solches konzipiert war, wird das Buch der Bilderbuchliteratur zugerechnet. Die für dieses Genre zuständigen Fachleute aber beschäftigen sich mehr mit den neueren Tendenzen, während die Kenner der älteren Werke Else Wenz-Viëtor nicht durchgängig zu den herausragenden Bilderbuchkünstlerinnen ihrer Zeit zählen. So wird ihre Beteiligung an der damaligen Mode angeprangert, Blumen und Tiere zu vermenschlichen. Als eine der ersten freiberuflich tätigen Illustratorinnen und Designerinnen war Else Wenz-Viëtor aber darauf angewiesen, viel und auf gefällige Weise zu produzieren. Dass ihre Bilder bei den Nationalsozialisten gut ankamen, auch ohne entsprechende Inhalte zu transportieren, trug gewiss zur späteren Zurückhaltung bei.

Dennoch hat Else Wenz-Viëtors Blick auf die berühmte Nachtgeschichte seit fast achtzig Jahren bei unzähligen Kindern einen festen Eindruck hinterlassen und wird das weiter tun. Innovativ oder gar revolutionär ist dieser »Häwelmann« nicht. Neben Else Wenz-Viëtor haben sich auch noch viele andere Illustratoren von dem Märchen anregen lassen. Ihre Version aber hat zu Recht überdauert. Abgesehen davon, dass ihre Bilder mit großer Liebe zum Detail, fein und naturalistisch präzise ausgeführt sind,

bringen sie das Elementare an dieser Geschichte wunderbar treffend ins Bild: die Dunkelheit des großen Verlassenheitsgefühls, die naiv-strahlende Großartigkeit des kleinen Herrschers und Eroberers, die Milde des Mondes, den Reinfall am Schluss und, sehr wichtig, das Aufgefangenwerden durch das überraschende Erzähl-Ende.

Diese Elemente sind es auch, die das Buch zum Klassiker machen. Lange vor Freud erzählt hier eine spannende und unheimliche, genussvoll-gefährliche, am Ende gerade noch glückliche Geschichte von dem, was die Psychoanalyse »primären Narzissmus« nennt, und sie erzählt es denen, die es am meisten angeht: den kleinen Kindern selbst. Der kleine Häwelmann (ein norddeutscher Ausdruck für »Hätschelhans«) lebt am Anfang noch ganz in der symbiotischen Verbindung mit der Mutter, die ihm daheim in der Stube alle seine Wünsche erfüllt. Als sie das nicht mehr tut, weil sie eingeschlafen ist, erweitert Häwelmann sein Aktionsfeld, bewegt sich von der Mutter weg, er-fährt zuerst das Zimmer, dann die Stadt, den Wald und schließlich sogar den Himmel. Der Rausch dieser rollenden Fort-Bewegung treibt ihn weiter, aber auch die Gier danach, gesehen zu werden. Blicke spielen in dieser Geschichte eine bedeutende Rolle. Kleine Kinder sind große Angeber; sie brauchen unentwegt Publikum. Häwelmann ist in dieser Hinsicht auf erlösende Weise ungeniert – sein »Mehr! Mehr!« hallt mit voller Kraft durch die Welt. Genau wie sein anderes Lieblingswort, das er mit fast allen Altersgenossen teilt: »Nein!« Es kommt immer dann, wenn der »gute alte« Mond, der ihm bei seiner Welt-Erfahrung hilft, zur Mäßigung mahnt. »Wenn hier jemand Grenzen setzt, dann ich, und ich bin grenzenlos: Ich will alles, immer, und zwar sofort«, sagt dieses »Nein!«. Die Kränkung darüber, dass dieses Begehren nicht erfüllt werden kann, ist ungeheuerlich. Hier wird sie wortwörtlich als Reinfall – wie Ikarus vom hohen Himmel ins Meer hinab – inszeniert, tödlich kühl ausgeübt von der höheren Lebensmacht Sonne, nachdem der Mond dem Kind seine Fürsorge und Beachtung versagte, weil er auch nicht alles mit sich machen lässt. Else Wenz-Viëtor zeichnet das dralle Kerlchen, wie es kopfüber ins Wasser fällt, und die Fische zeigen dazu lachend die Zähne. »Da konnte er schwimmen lernen«, stellt der vermeintlich letzte Satz der Geschichte mit unnachahmlicher und unbarmherziger Lakonie fest.

Wir alle fallen rein. Wir müssen erleben, dass wir nicht immer von allen beachtet und geliebt werden, dass wir nicht überall die Bestimmer sind, dass es Grenzen gibt. Wir alle müssen – im übertragenen Sinne – irgendwann schwimmen lernen, um nicht unterzugehen. Wie alle Kinder fordert der kleine Häwelmann diese Erfahrung zu früh heraus – er kann sich noch gar nicht alleine über Wasser halten. Die Aufgabe der Erwachsenen ist es nun, diesen Reinfall abzufedern: Sie müssen das Kind einerseits zu Alleingängen und Erkundungstouren ermuntern – die ganze Geschichte bis zu Häwelmanns Fall ist in dieser Hinsicht sehr begeisternd. Andererseits müssen sie zur Stelle sein, wenn das Kind überfordert ist und sich zu verlieren droht.

Für diese Rettung findet Theodor Storm ganz am Schluss noch einmal einen überraschenden Weg, den Else Wenz-Viëtor ebenso klug bildnerisch löst: »Und dann?«, fragt eine andere Stimme in die Erzählung hinein, ganz offenkundig eine Kinderstimme. »Ja und dann? Weißt du nicht mehr?«, lautet die Antwort des Erzählers: »Wenn ich und du nicht gekommen wären und den kleinen Häwelmann in unser Boot genommen hätten, so hätte er doch leicht ertrinken können!« Das Kind, das bis dahin zugehört hat und sich die ganze spannende Geschichte lang mit dem tollkühnen Häwelmann identifiziert hat, es sitzt am Schluss urplötzlich mit dem Erwachsenen in einem Boot und gehört im Moment der größten Gefahr zu den Rettern. Damit kann es sich klar vom kleinen Häwelmann distanzieren, was in diesem Fall tröstlich ist. Es wird sich möglicherweise als ein reiferes Kind angesprochen fühlen, als es ist – was ja oft anspornend wirkt. In jedem Fall wird es mit leiser Genugtuung auf den dummen kleinen Häwelmann hinabschauen, wie ihn Else Wenz-Viëtor auf das letzte Blatt gezeichnet hat: als Baby im Rollenbettchen, das sich aufgesetzt hat und sich die Augen reibt. Offenbar ist es soeben erwacht. War alles nur ein Traum?

Sprachlich ist das Märchen natürlich an seine Zeit gebunden. Es sind einige wunderliche Formulierungen darin und manche Wörter muss man vielleicht, falls gewünscht, erklären. Oft wird es aber gar nicht gewünscht. Die unverständlichen, aber wunderschön klingenden Worte sind ein Geschenk. Kein Dichter von heute würde Kindern von einer Katze erzählen, die im Licht des Vollmondes von Baum zu Baum springt und auf Nachfrage, was sie da tut, hoheitsvoll »Ich illuminiere!« hinunterruft. Dabei sind es gerade solche Sätze, die ein Leben lang im Gedächtnis bleiben.

Anregung für die Deutung des Märchens aus psychoanalytischer Sicht bekam ich durch Heinrich Deterings sehr instruktiven Aufsatz über den »Kleinen Häwelmann«, der in den Schriften der Theodor-Storm-Gesellschaft erschienen ist (Band 51/2002).

Was machen die Jungs?
von Nikolaus Heidelbach

Im Grunde ist es egal: »Was machen die Mädchen?« das Gegenstück zu diesem Bilderbuch, könnte genauso gut hier empfohlen werden. Der viel beschworene kleine Unterschied ist bei Nikolaus Heidelbach tatsächlich nur klein. Er hat mit seinen beiden breitformatigen ABC-Bilderbüchern über die Taten und Untaten der Mädchen und Jungs keine geschlechtsspezifischen Beschreibungen unternommen – wenn, dann eher eine Art Gegenprogramm, aber auch das nur teilweise. Im Grunde müsste die Frage lauten: »Was machen die Kinder?« Denn so, wie Heidelbach die Kinder sieht, sind sie ohnehin fast alle zu fast allen Dingen fähig, die sie gemeinschaftlich in den beiden Bänden von A bis Z durchbuchstabieren. Für die Jungs habe ich mich hier nur aus persönlicher Sympathie und ein paar geringfügigen sachlichen Gründen entschieden. Verglichen mit den Mädchenaktionen sind ihre etwas bewegter, die Komik ist entschiedener und damit für Kinder wirksamer, und, was auch nicht ganz unwichtig ist: Ihre Farben leuchten um einige wenige Nuancen heller und kräftiger.

Was machen sie denn nun bei Nikolaus Heidelbach, die Jungs? Was kleinen Jungs beim Betrachten besonders auffällt, sind die verbotenen und grausamen Sachen: »Igor hat Hunger« – das klingt erst mal nicht weiter schlimm. Wenn man das Bild daneben zudeckt. Denn es zeigt einen Jungen, der den Wohnzimmertep-

pich aufgerollt und auf dem Parkett ein Feuerchen gemacht hat, um sich ein Steak zu braten. Und das ist nur Igor, einer von 26.

Es gibt noch Schrecklichere als ihn in dem Buch, aber auch einige, die sich eher durch ihre Ängste hervortun: »Quirin hat Schiss.« Der Satz müsste in diesem Fall nicht mehr daneben stehen, denn man sieht diesem Quirin, wie er die Kellertreppe im Licht einer schwachen nackten Glühbirne hinunterschleicht, an jedem feinen Pinselstrich an, dass er die Hosen gestrichen voll hat. Eine Standardsituation der Kindheitsangst ist hier ins Bild gebracht und passend diffus beleuchtet: in den Keller hinunter zu müssen. Trost gibt es nicht. Von wegen: »Du brauchst doch keine Angst zu haben« oder derlei sonst zu solchen Gelegenheiten übliche Beschwichtigungen (wenn es etwas bei Heidelbach nicht gibt, dann Beschwichtigungen). Im Gegenteil: Wer weiß, ob da unten nicht Heini mit seiner »Überraschung« lauert, die er ein paar Seiten weiter vorne ebenfalls im Keller getestet hat.

Es sind eher die Erwachsenen, die bei diesen Jungs-Beschäftigungen laut herauslachen, als die Kinder. Auf jeden Fall lacht man je nach Alter an verschiedenen Stellen. Die Großen vielleicht mehr bei »Gerd denkt nach«, wenn sie den dicklichen Gerd von hinten vor einer riesigen Plakatwand stehen sehen, die Spitzenunterhosen an Mädchenleibern zeigt. Vielleicht denkt er darüber nach, wo der Rest dieser abgeschnittenen rosafarbenen Körper ist. Über diese Frage kann man dann reden. Kinder mögen zwar beim Betrachten des Buches seltener kichern, aber sie sind interessiert, was noch besser ist, weil es länger wirkt. Warum sammelt Paul Totenköpfe in einem Handkarren, warum läuft er damit mitten auf dem Mittelstreifen entlang, was man doch niemals tun darf, wo hat er die Totenköpfe her, wohin ist er unterwegs? Dass das Totenköpfe-Spazierenfahren mindestens genauso verboten ist wie das Auf-dem-Mittelstreifen-Laufen, wissen Vierjährige nicht. Schon ist das schönste Gespräch über den Tod, über Friedhöfe und das Sterben im Gange, und man ertappt sich dabei, wie man mühsam das Wort »Pietät« zu erklären versucht.

Wem solche Gespräche nicht behagen, der wird Nikolaus Heidelbachs Bilder meiden und sie befremdlich finden. Angst, Sex, Tod, Gewalt und Genuss, Anziehung und Abwehr spielen in seinen Kinderbüchern genau die Hauptrolle, die sie im Leben spielen, zwar oft subtil versteckt, aber darum nicht weniger stark. Auch seine Kinderfiguren sind »echter« als andere Bilderbuchkinder, wenn auch hoffentlich insgesamt ein wenig dicklicher und mürrischer als der Durchschnitt draußen im Leben. Aber diese drallen Persönlichkeiten sind nüchtern, diabolisch, missmutig, genießerisch, anarchistisch und ganz und gar körperbetont. Allein die Hände und Füße der Mädchen, deren Aufgabe es ist, die Buchstaben gegenüber den Jungs-Bildern zu halten, sprechen eine eigene, präzise und wunderschöne Sprache – wenn man nur wüsste, welche … Nikolaus Heidelbach, der niemals eine Kunsthochschule besuchte, stattdessen Germanistik, Kunstgeschichte und Theaterwissenschaft studierte, liebt es, Verweise, Rätsel und Zitate in seinen Bildern zu verstecken. Als Illustrator fremder Texte ist er einer ihrer genauesten Leser. Aber auch ohne dem Künstler in jede Gedanken- und Motivwindung hinein zu folgen, kann man seine Bilder genießen und sich von ihnen etwas mitteilen lassen.

Leider gibt es »Was machen die Jungs?« und »Was machen die Mädchen?« derzeit nur in viel zu kleinen Geschenkausgaben. Wenn der Verlag Beltz & Gelberg sie wieder im Normalformat verlegt, sollte man sofort zugreifen. Wer das schätzt, was Heidelbach bei Kindern auslösen kann, sollte unbedingt die beiden leider vergriffenen Sammelbände »Kinderparadies« und »Vorsicht Kind« auftreiben, denn sie enthalten – hochgradig fantasieanregend – die Quintessenz seiner Kunst für Kinder. Erzählerisch ist er am stärksten in einem der früheren Bilderbücher, »Albrecht Fafner fast allein«. Und natürlich sind seine beiden Illustrations-Prachtbände zu Grimms und Andersens Märchen zu Recht weltberühmt.

Für alle, die das Leben lieben

Der rote Wolf
von Friedrich Karl Waechter

Als Friedrich Karl Waechter für dieses Bilderbuch 1999 den Deutschen Jugendliteraturpreis erhielt, erzählte er bei einem anschließenden Podiumsgespräch von der Entstehung des Buches. Er habe, so berichtete er, eines Abends mit seinem Sohn Philip bei einem Bier zusammengesessen und über das Bilderbücher-Machen gesprochen. Er habe selbst dabei die ganze Zeit geredet, skizziert, erklärt. Eine Bilderbuchidee nach der anderen habe er mit flüchtiger Hand aufs Papier geworfen, um zu zeigen, wie man dabei vorgehe. Bis Philip Waechter plötzlich sauer wurde, aufstand und mit den Worten »Ich weiß, dass du das kannst, Papa!« den Raum verließ.

Inzwischen wissen wir längst, dass auch Philip Waechter »das« kann (s. S. 216). Manche der Buchideen aber, die an jenem Abend aus dem Nichts und einem Glas Bier heraus entwickelt wurden, hat sein Vater nach und nach verwirklicht, und sie haben der Bilderbuchwelt eine neue Werkphase des Altmeisters eröffnet. Waechter hatte ja im Jahr 1974, als die antiautoritäre Kinderliteratur auf ihrem Höhepunkt war, für sein inzwischen legendäres Bilderbuch »Wir können noch viel zusammen machen« schon einmal den Deutschen Jugendliteraturpreis bekommen. Legt man dieses nun neben den »Roten Wolf«, sieht man zwei Eckpunkte eines langen und sehr wandlungsfähigen Bilderbuchkunstwerkes (das seinerseits jedoch nur einen Teil des Werkes von

Friedrich Karl Waechter ausmacht). »Wir können noch viel zusammen machen« ist ganz auf die Möglichkeiten des Miteinanderlebens ausgerichtet und darauf, zu zeigen, wie viel Quatsch noch darauf wartet, von uns zusammen gemacht zu werden. Es ist eine Geschichte vom Anfangen und vom Glück, noch so viel vor sich zu haben. »Der rote Wolf« erzählt aus der Perspektive der Rückschau. Er erzählt vom Weitermachen und vom Glück, so viel erlebt zu haben. Und von der Kunst, Veränderungen anzunehmen.

Rückwärts gewandt ist keines von Waechters Kinderbüchern. Sie alle – ob Theaterstücke oder Bilderbücher – könnten unter dem Motto »Wir können noch viel zusammen machen« stehen. Denn Waechters Bilder und Erzählungen sind, selbst wenn es darin um rabenschwarze Dinge geht, immer vorwärts gewandt, immer auf ein Weiter aus. Und selbst wenn der Tod in diesem Weiter enthalten ist, packt uns nicht das Grauen. Gerade dem Tod begegnet Waechter auf entschlossene, luzide Weise. Nicht nur dass er ihm überhaupt begegnet, sondern auch noch auf diese lapidare, grimmige und zugleich fast heiter zu nennende Art, hebt Waechters Kinderbücher weit über das Angebot um sie herum hinaus. Im »Roten Wolf« wird diese Grundhaltung besonders deutlich. Nicht dass es hier hauptsächlich ums Sterben ginge, im Gegenteil. Der Held und Ich-Erzähler des Bandes, ein kleiner fuchsroter und, wie wir sehen werden, sehr zäher Norwich-Terrier, erzählt uns die Geschichte seines Lebens von Anfang bis Ende. Auch dies ist eine Rarität im Kinderbuch: eine Autobiografie, erzählt von einem Hund, angesiedelt in der Wirklichkeit der Kriegs- und Nachkriegszeit.

Den Namen des kleinen Kriegshundekindes, das kurz nach

seiner Geburt vom Flucht-Planwagen seiner Menschen in die ostpreußische Winterlandschaft fällt, erfahren wir nicht. Er wird der »rote Wolf«, weil er von einer Wölfin gerettet wird und fortan in ihrem Rudel lebt, mit seinen Wolfsgeschwistern balgt und sich trotz seiner geringen Größe einen guten Platz in der Rangordnung erkämpft: »So wurde ich ein vom ganzen Rudel geachteter Wolf.« Großartig sind hier Waechters Tierstudien, in denen er mit leichtem Tuschestrich die Balgereien der jungen Wölfe aufs Blatt wirft, die Jagd, den Zug des Rudels durch einsame, lichte Wälder nach Osten. Und großartig ist die Dramaturgie des Buches, die sich auch in der Farbgebung vermittelt: Am Anfang und am Ende stehen sich fast immer eine einfache und eine sanft aquarellierte Tuschezeichnung gegenüber. In der Mitte des Lebens, wo es am intensivsten ist, überwiegen die farbigen Blätter. Nachdem er sich von der Wölfin, die er liebte, verabschieden musste und selbst verletzt und von dem russischen Mädchen Olga gerettet wurde, wird es ruhiger um den roten Wolf. Olga, von Waechter rührend ungelenk porträtiert, rettet ihn in mehrfacher Hinsicht. Sie schreibt seine Geschichte auf und sie verspricht ihm ihre Sterbehilfe, wenn er nicht mehr laufen kann. »Das war gut zu wissen«, lesen wir an dieser Stelle.

Dass die beiden miteinander reden können, stellt der Leser nicht infrage, so selbstverständlich erscheint es. Es ist eine durch und durch realistisch erzählte Geschichte, nur eben aus der Perspektive eines Hundes statt eines Menschen. Wir sehen die deutschen Soldaten abgeschlagen nach Westen humpeln, verfolgt von den russischen Soldaten. Wir sehen den Alltag in einem weißrussischen Städtchen. All dies kann zu Gesprächen über die Zeitgeschichte führen, muss es aber nicht. Die Worte sind knapp, herbe

und dennoch voller Gefühl. Waechter setzt sie wie so oft in seinem an Märchen erprobten, musikalischen Tonfall, der die Hebung oder Senkung jeder einzelnen Silbe bedenkt und den Text so kraftvoll klingen lässt wie einen Gesang aus der klassischen Antike.

Und dann kommt das Ende des Lebens. Auch davon berichtet der Hund: »Mein Leben zog noch einmal an mir vorbei«, steht am unteren Bildrand. Darüber sehen wir jedes einzelne Bild des Buches noch einmal im Kleinformat, zusammengesetzt zu großen, reichhaltigen Tafeln: »... und ich freute mich an meinem langen, wunderbaren und reichen Leben.« Mehr Worte kommen nicht. Olgas Rücken sieht unendlich traurig aus, als sie sich von der Wolfsschlucht abwendet. Sie sieht sie nicht mehr, die heulenden Wölfe, die nach ihr am Rande der Schlucht Abschied nehmen. Selten gibt es Bilderbücher mit solcher Freiheit und solchen Möglichkeiten: Wer will, kann nun über den Tod sprechen. Aber keiner muss. Er kann auch zurückblättern und das Leben ausschöpfen, das in all seinen wechselnden Farben aus dieser Geschichte leuchtet.

Für Friedrich Karl Waechters Bilderbücher gilt: glücklich der Mensch, der sie alle kennt. Leider sind nicht mehr alle lieferbar. Daher meine Empfehlung: sofort zugreifen, sobald eines der älteren (wie zum Beispiel das Reisetagebuch »Wer kommt mit auf die Lofoten?« oder »Opa Huckes Mitmachkabinett«) auf dem Flohmarkttisch eines Menschen auftaucht, der nicht weiß, was er tut! Von den jüngeren Titeln ist unbedingt die Überlebensgeschichte »Da bin ich« (1997) zu empfehlen. In seinem vorletzten Werk »Prinz Hamlet« (2005) erzählt Waechter Shakespeare auf seine Weise nach: Melancholisch, weise, scharf und anmutig sind diese Bilder und Worte. Viele Erwachsene glauben es nicht, aber auch Fünfjährige sind schon für die Magie dieses Buches empfänglich. Gleiches gilt für »Vollmond«, ein Büchlein, das Waechter kurz vor seinem Tod im September 2005 schuf. »Vollmond« kann man als Liebesgeschichte, Abzählreim, Reisebilderbogen, Berlin-Hommage oder auch als Sterbebericht lesen. Kleine Kinder achten am liebsten auf den Quatsch, der ebenfalls darin steckt, und lernen die Reime mit großem Vergnügen auswendig.

Juli, der Finder
von Kirsten Boie und Jutta Bauer

Wenn man ein Kindergartenkind ist, öffnet sich die Welt ganz gewaltig. Plötzlich ist man nicht mehr nur Teil einer Familie, die ihren eigenen kleinen Bewegungsradius, ihre Rituale, ihren Fundus an Regeln hat. All dies erweitert sich, und langsam sickert die Erkenntnis ein, dass es da draußen mindestens ein bisschen anders zugeht als daheim bei Mama. Möglicherweise auch anders, als Mama immer sagte, wie es da draußen sei. Plötzlich gibt es die Möglichkeit eines eigenen Vergleichs. Es gibt aber auch nicht nur die Möglichkeit, sondern sogar die Notwendigkeit, eigenständiger zu sein als je zuvor. Das kann mit großem Genuss verbunden sein, aber auch Angst machen.

Die »Juli«-Geschichten von Kirsten Boie und Jutta Bauer erzählen schlicht, direkt und sehr realistisch genau von dieser Lebensphase. Juli ist ein ganz normaler Kindergartenjunge, er hat Vater und Mutter und eine kleine quengelnde Baby-Schwester, im Kindergarten hat er gute und schlechte Tage und entsprechend wechselnde Freunde und Feinde. Mit ihm erleben wir die Freuden und Nöte der Freiheit, die das Kindergartenleben so mit sich bringt. In »Juli der Finder«, der zweiten von sieben Geschichten, geht es besonders um die Ausweitung der Bewegungszone, die zugleich eine Ausweitung der Gefahrenzone ist. Es geht also letztlich um die Ausweitung der Macht. Damit ist immer auch mehr

Verantwortung verbunden, für sich und andere. Was hier schon fast wie der »Zuspruch am Morgen« im Radio klingt, ist in der Buchform so spannend und genussorientiert aufbereitet, dass man den gewichtigen Inhalt gar nicht bemerkt. Dafür sorgen schon Kirsten Boie und Jutta Bauer. Beide sind mit einer großen Leichtigkeit begabt, wenn es um die Darstellung des Kinderalltags geht, und ihr Sinn für (selbst-)ironische Untertöne ist in Julis Fall eng verwandt.

Die Geschichten entstanden in den frühen Neunzigerjahren, und zwar zuerst als Fernsehfilme für die ZDF-Serie »Siebenstein«, was ihrer Eignung zum Bilderbuch jedoch keinen Abbruch tut. So kann man Julis Abenteuer auf dem Kindergarten-Heimweg wieder und wieder anschauen. Etwa das für jeden kleinen Autofreund hoch erfreuliche Bild, auf dem Juli an der Fußgängerampel steht und die Autos mit gebieterischer Geste und großmütiger Miene an sich vorbeiwinkt. Er hat sie vollständig unter seiner Kontrolle. Zwar hat er auf den Ampelknopf gedrückt, wie sich das für ein Kind gehört, das sich mit dem Verkehr auskennt und schon alleine nach Hause gehen darf. Aber dann merkt er, was für ein schönes Gefühl es ist, wenn alle auf seinen Wunsch hin stehen bleiben und weiterfahren. Fünfmal drückt er auf den Knopf und kostet dieses Machtgefühl aus. Für Kinder im Kindergartenalter, die das richtige Verhalten auf der Straße mit einer Schärfe eingebläut bekommen wie sonst fast nichts, ist das eine erholsame Umkehrung der Verhältnisse.

Die Ampelepisode ist nur ein erster kleiner Höhepunkt auf Julis Weg nach Hause. Denn »dann sieht er plötzlich das Wunderbare«. So beschreibt es Kirsten Boie. Sätze wie dieser sind selbst wunderbar; sie holen den Leser mitten in Julis Gefühlsleben hinein. Kirsten Boie ist einzigartig in der seltenen Kunst, geradeaus und naiv aus der Sicht eines Kindes zu erzählen, was umso schwieriger ist, je jünger das Kind – und der Leser – ist. Für uns erwachsene Mit-Leser sind solche Sätze aber auch wunderbar, weil sie uns zum Schmunzeln bringen – in diesem Fall erstens über die Eigenart der Kinder, Sachen vorübergehend wahnsinnig wichtig zu nehmen und wunderbar zu finden, die wir längst als wertlos eingestuft haben. Wie etwa den alten Schuh, den Juli unter einem Mülleimer findet und den er als ehrlicher Finder unbedingt bei der nächsten Polizeidienststelle abgeben muss. Zweitens ist es ein etwas bedauerndes Schmunzeln über uns selbst, weil wir einen Fund wie diesen in der Regel nicht mehr als wunderbar empfinden und dadurch weniger erleben. Juli jedenfalls kommt mit seiner Wunder-Erwartungs-Haltung zu einer Fahrt im Peterwagen. Denn einer der beiden Polizisten, die gerade Dienst tun, weiß einen verantwortungsbewussten Mitbürger zu schätzen. Der andere nicht so sehr. Dass die Erwachsenen sehr unterschiedlich sind, gehört auch zu den Erkenntnissen, die durch dieses Buch auf subtile und feinsinnige Weise vertieft werden.

Die Erwachsenen spielen überhaupt in allen Juli-Büchern die Rolle, die ihnen realistischerweise zusteht; sie werden weder als Über-Pädagogen noch als Gegner der Kinder oder lächerliche Gestalten präsentiert. Einen großen Anteil an diesem angenehm »normalen« Image haben Jutta Bauers Bilder. Ihre Figuren sind leicht karikierend überzeichnet und, weil sie sehr zeitnah gestaltet wurden, inzwischen von der Mode überholt; vor allem die Mütter erinnern mit ihren Hängebusen und Schlabberklamotten ein wenig an Claire Bretechers »Frustrierte« der Achtzigerjahre. Immer sieht man allen Beteiligten ihre jeweilige Gemütsverfassung an der ganzen Körperhaltung an, was in Julis Fall zu großer Anteilnahme beim kindlichen Betrachter führt. Kein Zweifel: Die Texte waren zuerst da, und Jutta Bauer stellte die Illustration ganz in ihren Dienst. Sie kann auch anders. Aber hier tut ihre Bescheidenheit der Geschichte gut und allen Kindern, denen Juli Beistand und Anregung im Alltagsleben als Kindergartenkind ist. Mit diesen Bildern bietet er zusätzlich noch richtig viel Spaß.

Alle Geschichten von Juli, darunter auch eine, die vorher nie als Buch erschienen ist, sind versammelt im »Juli-Jubiläums-Band« zum fünfzehnten Geburtstag (wie die Einzelbände bei Beltz & Gelberg). Dass Jutta Bauer auch anders kann, und wie sie es kann, zeigt sie am eindrücklichsten mit »Opas Engel« (Carlsen Verlag), einem Bilderbuch für jedes Alter, in dem es um das Leben und Sterben geht. »Schreimutter« und »Die Königin der Farben« sind ebenfalls herausragende Bilderbücher, in denen Jutta Bauer ihre Themen (Mutter-Kind-Konflikt beziehungsweise Farbpsychologie) auf kühne und sinnfällige Weise behandelt. Träumerisch, dunkler und wunderbar unabhängig ist ihre Begleitung zu Peter Stamms Miniaturen »Warum wir vor der Stadt wohnen« – ein Bilderbuch, das einen ganz eigenen poetischen Ton in die Familie bringen kann, der auch durch die Bilder angeschlagen wird (alle bei Beltz & Gelberg). Die Erwachsenen schließlich werden amüsiert und staunend die von Jutta Bauer herausgegebene und illustrierte Sammlung privater Briefe aus fünf Jahrhunderten genießen (Gerstenberg Verlag).

Die Geschichte vom Lastkran, der eine Schiffssirene sein wollte von Mathias Jeschke und Katja Gehrmann

Weiter vorne in diesem Buch ging es um eines der seltenen Bilderbücher, die von technischen Dingen handeln und dennoch eine Geschichte zu erzählen haben. »Nachts auf der Baustelle« (s. S. 43) führt uns auf sehr poetische Weise mitten in der Nacht mit dem kleinen Alex und seinem Vater auf eine Baustelle. Es müsste viel mehr Bilderbücher geben, in denen von Fahrzeugen und Maschinen die Rede ist, die aber deshalb nicht gleich darauf verzichten, eine richtige Geschichte zu erzählen.

Eines dieser seltenen Exemplare ist »Die Geschichte vom Lastkran, der eine Schiffssirene sein wollte« von Mathias Jeschke und Katja Gehrmann. In gewisser Weise ist es eine Fortsetzung von »Nachts auf der Baustelle«. Nicht, weil die Geschichte hier weitererzählt würde. »Die Geschichte vom Lastkran, der eine Schiffssirene sein wollte« führt uns in einen Nordseehafen, und während über der Baustelle nur die Sterne zwischen den Kränen blinken, ist es hier so licht und hell, wie es nur an einem windigen Tag an der See sein kann. Dennoch erinnert vieles an die Baustellen-Geschichte von Georg Hallensleben und Kate Banks: Die kraftvollen Pinselzüge, die Vater-Sohn-Konstellation, die Begegnung eines Kindes mit der Arbeitswelt, nicht zuletzt die Atmosphäre von Frieden und Geborgenheit, die beim Betrachten entsteht. Die Fortsetzung ist hier eine Weiterentwicklung: Das Kind in der Lastkran-Geschichte ist älter und spielt daher eine aktivere Rolle. Jan Michel, so heißt der Sohn des Lastkranführers, gibt der Handlung entscheidende Impulse – einer Handlung, die weitschweifiger und wortreicher ist als die knappen, lyrischen Impressionen von Kate Banks. Wer im Alter von zwei oder drei Jahren nicht genug von »Nachts auf der Baustelle« kriegen konnte, dem wird es, wenn er vier oder fünf ist, wohl mit dem »Lastkran« ebenso gehen.

Denn hier kommen noch Spannung, Drama und weiter reichende Möglichkeiten der Identifizierung hinzu. Als Schulkind ist Jan Michel alt genug, in dem kleinen Motorboot, mit dem sein Vater und er an den Wochenenden hinausschippern, allein das Steuerruder zu halten, wenn der Vater gerade am Motor herumwerkelt. Ein erster dramatischer Höhepunkt ist mit dem Umblättern einer Seite urplötzlich da, als sich ein riesiger Ozeandampfer dunkelrot über drei Viertel des aufgeschlagenen Buches erstreckt und all den Raum verschluckt, der vorher Wasser, Wolken und Himmel gehörte. Jan Michel kurbelt nach Kräften, das Boot dreht nach Steuerbord ab, sie kommen glimpflich davon. Aber Katja Gehrmanns Bild des rostschutzfarbenen Riesenschiffes, dessen Bauchwand sich hoch und bedrohlich vor dem winzigen Boot auftürmt, lässt auch beim

wiederholten Anschauen immer wieder nach Luft schnappen. Dass dieses Ereignis den Auftakt bildet für das, was die Geschichte am Ende abrundet, erschließt sich nicht auf Anhieb. Zunächst scheinen die Episoden mit Jan Michel, seinem Vater, dem Lastkran und dem Boot nur lose miteinander verknüpft – einfache Alltagsszenen, die etwas vom Leben der Arbeiter in einem Hafen, von Kränen und Löschladungen erzählen. Der Autor Mathias Jeschke, ein Theologe und ehemaliger Seefahrer, tut das sehr gemächlich und mit einer Seelenruhe, die man sich zum Vorlesen auch genehmigen sollte. Seinen Worten fehlt jene Eilfertigkeit, die Bilderbuchtexte manchmal haben, wenn ihre Autoren fürchten, die Betrachter könnten sich nicht konzentrieren. Es fehlt auch jede Spur von Erklärungen, Hinführungen, Erleichterungen für Kleine. Eltern von sehr wissbegierigen Kindern, die nicht an der Küste wohnen, werden sich daher auf ein paar Verständnisfragen gefasst machen müssen.

Wahrscheinlich kommen die Fragen aber erst später. Mathias Jeschke erzählt so lebendig und lautmalerisch, dass die eine oder andere Wissenslücke vernachlässigbar erscheint. Dieses Buch wird ganz von selbst zum Hörbuch – allein die Beschreibung der Geräusche, die der unglückliche Lastkran von sich gibt, ruft laut nach ausführlicher Gestaltung. Die Hamburger Illustratorin Katja Gehrmann hat diesen Ruf auch gehört und all dem Tuten, Kreischen, Quietschen und Hämmern Farben und Formen gegeben. Der Klang der Schiffssirene, die schließlich aus den abgenutzten Teilen des Kranes entsteht, ist von einem satten Blau und nimmt fast eine Seite in Anspruch, so laut ist sie. Schwungvoll und vital sind diese Acrylbilder; mit all dem leuchtenden Grün, Blau und Orange und mit ihren freizügigen Formen erinnern sie an die

Bilder der Fauvisten. Meer, Wolken und Himmel liegen Katja Gehrmann besonders, aber die Maschinen, Container, Schiffswände oder Kaimauern sind ebenso wichtig. Manches ist geheimnisvoll beschriftet. Bei aller expressiven Ausgestaltung werden die Bilder aber nie allzu abstrakt, sie erzählen schlüssig und verständlich an der Geschichte mit.

»Die Geschichte vom Lastkran« ist besonders geglückt, weil sie so selbstverständlich vom Alltag eines Kindes erzählt. Und weil sie genauso selbstverständlich diesem Kind erlaubt, seine eigenen – nicht ganz realistischen, aber dafür umso kindgemäßeren – Schlüsse aus den Geschehnissen zu ziehen. Nur so kann Jan Michel seinem Vater helfen. Und nur so ist es eine sehr alltägliche, realistische Geschichte mit jenem kleinen Schuss Unwirklichkeit darin, der Kindern völlig logisch erscheint. Um all dies werden keine großen Worte gemacht. Erst recht nicht um die Geborgenheit, die Jan Michel bei seiner Mutter und seinem Vater erfährt. Das ist das Wohltuende an diesem Buch: Es erzählt laut von tutenden Sirenen und kreischenden Maschinen und leise von den anderen wichtigen Dingen im Leben.

Eine Geburtstagstorte für die Katze von Sven Nordqvist

Nicht auszudenken, wenn Findus nicht Findus, sondern eine alte Dame geworden wäre! Er habe, so erzählt Sven Nordqvist in einem seiner seltenen Interviews, eine Geschichte von zwei alten Leutchen schreiben wollen, die, um ein bestimmtes Vorhaben auszuführen, vom Hölzchen aufs Stöckchen kommen. Immer müssen sie noch etwas erledigen, bevor sie zum Eigentlichen kommen können, und dann noch etwas und noch etwas, bis sie schon fast nicht mehr wissen, was das Eigentliche war. Und aus irgendeinem unerfindlichen Grund, so berichtet Nordqvist weiter, brauchte der alte Mann jemanden zum Reden (und dieser Jemand konnte offenbar keine Frau sein). Also dachte er sich für ihn eine Katze aus, und die alte Dame war irgendwann aus der Geschichte verschwunden.

So war das, als Pettersson und Findus zu Sven Nordqvist kamen. Der war eigentlich Architekt und zeichnete für die Werbung. Eine grafische Ausbildung hatte er nur als sehr junger Mann per Fernkurs gemacht. Die Geschichte vom Vorhaben aber, dessen Voraussetzungen sich höher und höher türmen, bevor es endlich zum Ziel kommt, diese Geschichte ist als Gerüst stehen geblieben im ersten Bilderbuch einer ganzen Reihe, die fast alle Kinder unter dem Oberbegriff »Pettersson-und-Findus-Bücher« kennen und von denen sie nicht genug bekommen können. Inzwischen sind diese Bilderbücher – ähnlich wie Astrid Lindgrens

»Bullerbü«-Erzählungen – für uns Deutsche zur Chiffre schwedischer Lebensart geworden. Dass sie weit entfernt in den Fünfzigerjahren angesiedelt sind, übersehen wir dabei gerne.

In diesem ersten Band, in dem nach der Überwindung vieler Hindernisse schließlich doch noch eine Geburtstagstorte auf dem Gartentisch steht, ist schon alles enthalten, was Kinder und Erwachsene an den Geschichten von dem schrulligen Junggesellenpaar entzückt. Findus ist quirlig und ungeduldig, überall und nirgends: Schon allein der Schwung, mit dem er auf dem zweiten Bild neben Pettersson seine Kreise auf der Bank zieht, sagt alles. Nordqvist hat den Kater mit drei hellen Kreiseln umgeben, wie man sie vom Comic kennt. Auch sonst benutzt er die Mittel des Comics, aber auf ganz charakteristische Weise: Er lässt die Figuren, vor allem Findus, oft mehrfach auf einer Buchseite herumturnen. So kann man ihre Bewegungsabläufe verfolgen, ohne dass sie von den üblichen Comic-Pannels unterbrochen werden. Man bekommt auf diese Weise einen lebhaften Eindruck von Findus' Energie, die kleinkindhafte Ausmaße hat, oder von der Umständlichkeit des alten Pettersson. Auch die Dramatik des Geschehens erhöht sich durch diese Technik: Einmal sehen wir Findus mit dem gelbroten Küchenvorhang am Schwanz gleich fünfmal dicht gedrängt nebeneinander vor dem Stacheldraht, wie er sich für seinen »Stierkampf« warm macht. Der massive Stier verdunkelt unterdes die gegenüberliegende Buchseite, wo er mit gesenktem Kopf und blutunterlaufenen Augen auf dieses kleine aufreizende Wesen lauert. Wer genau hinschaut, erkennt wieder kleine Kreisel um zwei seiner Hufe.

Zum genauen Hinschauen muss man Kinder bei den »Pettersson-und-Findus«-Büchern allerdings nicht extra anregen. Irgendwann kommt für jeden Betrachter der Aha-Moment: Die Bücher strotzen nur so von kleinen Figuren, witzigen und winzigen Randszenen und Mini-Installationen. Dort wuseln und werkeln vor allem die »Mucklas« herum, kleine braune, sehr neugierige Wesen, die überall ihre Nase hineinstecken und gerne auch mal hämisch lachen, wenn Pettersson oder Findus ein Missgeschick passiert. In »Eine Geburtstagstorte für die Katze« sind sie noch vergleichsweise rar. Nordqvist verfeinerte und vermehrte ihre Aktionen im Laufe der Bände, ohne die Bücher damit zu überladen – im Gegensatz zu den Zeichnern des Trickfilms, die den Mucklas mehr Raum gaben, als der Geschichte gut tat. Auf den Betrachter haben die Randgeschichten jedenfalls einen ähnlichen Effekt wie die Wimmelbilderbücher für Kleinere: Er kann Entdecker sein. In diesem Fall ein ständig kichernder Entdecker – unabhängig von seinem Alter.

Schweden-Nostalgie, Comic-Elemente und das Gewusel kleiner Wesen am Rande – all das ist durchaus entzückend und würde wahrscheinlich allein schon hohe Auflagen garantieren. Aber es macht nicht die eigentliche Qualität von Sven Nordqvists Werk aus. Die liegt im Charakter der beiden Hauptfiguren und in ihrem Verhältnis zueinander. Wichtig ist zunächst einmal, was fehlt: eine Mama. Wenn eine Mama fehlt, dann passiert etwas. Das wissen wir aus dem Leben, aber auch aus fast allen Werken der Weltliteratur, in denen Kinder eine Rolle spielen. In den Pettersson-und-Findus-Büchern gibt es die Mama nicht einmal als Prinzip. »Du musst seine neue Mama werden«, sagt zwar die Nachbarin zu Pettersson, als sie ihm das Adoptivkätzchen Findus bringt (in einem der späteren Bände, in dem wir erfahren, »Wie Findus zu Pettersson kam«). »Mama«, antwortet darauf reichlich töricht der verdatterte und beglückte alte Mann. Und verhält sich im Folgenden alles andere als mama-haft. Eine solche hätte nämlich jedes Abenteuer der beiden Helden, sprich sämtliche Bilderbücher, aus vernünftigen Gründen verhindert. Aber da Pettersson und Findus mit Frauen gar nichts am Hut haben – das einzig Weibliche sind die in ihrer Dummheit von Band zu Band profilierteren Hühner auf dem Hof –, herrschen bei ihnen Anarchie und schöpferische Selbstvergessenheit. So geben die Findus-Bücher Urlaub von der Mamahaftigkeit nicht nur im Kinderalltag, sondern auch in vielen anderen Bilderbüchern, wo sie ein nervtötendes Ausmaß angenommen hat. Dafür erleben wir hier das Papa-Prinzip von seiner entspanntesten Seite – Nachsicht und Genuss, Unordnung und schnelle Entscheidungen, und schließlich: Fürsorge.

Denn obwohl Pettersson sich nicht gerade mütterlich verhält, ist er doch immer da, wenn Findus in Not ist. Er ist ein verlässlicher Partner, der im Zweifel weiß, was zu tun ist. Pettersson wird zwar durch die Anwesenheit des Katers selbst errettet von seiner Einsamkeit und Traurigkeit und davor, allzu eigenbrötlerisch zu werden (so wie alle Erwachsenen, wenn Kinder in ihr Leben kommen). Aber er muss seinerseits ziemlich oft Findus retten, denn der ist in diesen Geschichten nicht nur das Kind, sondern mehr noch: ein Katzenkind. Das bedeutet, dass er noch mehr kann und mehr darf als gewöhnliche Kinder. Klettern zum Beispiel. Kinder lieben gerade all die Waghalsigkeiten, die sie sich selber nicht erlauben dürfen. Und sie schätzen es dann sehr, dass Pettersson immer zur Stelle ist, wenn Findus sich wieder einmal verstiegen hat und erwachsene Hilfe braucht.

Als Sven Nordqvists Kinder klein waren, spielten sie immer in der Werkstatt ihres Vaters; sie waren meist dabei, wenn er arbeitete. So wusste er genau, was Kinder mögen, als er vor gut zwanzig Jahren anfing, die Geschichten von Pettersson und Findus zu zeichnen und zu schreiben. Ein Element ist ihm dabei sehr wichtig: Genauso zuverlässig, wie Pettersson den Kater im letzten Moment am Schwanz zu fassen kriegt, wenn der wieder einmal irgendwo abzustürzen droht, genauso zuverlässig haben alle Geschichten der beiden ein gutes Ende. »Man kann kleine Kinder nicht einfach am Ende mit einer großen Frage alleine lassen«, sagt Nordqvist dazu im Interview. »Die schlechten Enden kommen später?«, lautet darauf die nächste Frage und Nordqvist antwortet nur: »O ja.« Dass dieses »O ja« zwischen den Zeilen und Zeichenstrichen als Möglichkeit in allen Pettersson-und-Findus-Bänden auch spürbar ist, aber nur für den, der es spüren möchte, das gibt ihnen die Tiefenschärfe, die ein Buch zum Klassiker macht.

Sämtliche Bücher über Pettersson und Findus sind empfehlenswert, aber einige ragen besonders heraus. »Eine Geburtstagstorte für die Katze« habe ich hier vorgestellt, weil es das erste in der Reihe ist und uns ohne Umschweife mit der unerschöpflichen Quirligkeit des Katers und Nordqvists (alias Petterssons) ebenso unerschöpflichem Erfindungsreichtum konfrontiert. Im folgenden Band, »Ein Feuerwerk für den Fuchs«, lernen wir alle drei in Hochform als Tüftler und Techniker kennen. »Armer Pettersson« zeigt uns den Alten von seiner melancholischen Seite und Findus als nervtötenden, aber letztlich hilfreichen Aufmunterer. Mit ihren schwedischen Herbstlandschaftsbildern ist dies die ruhigste Geschichte. Die innigste ist wohl die, in der erzählt wird, »Wie Findus zu Pettersson kam«. Sie ist ein Muss für jeden, der die beiden schon eine Weile kennt. Das zitierte Interview ist in der »Süddeutschen Zeitung« vom 2. November 2002 abgedruckt.

Für alle, die keine Ururoma mehr haben

Die Lisa
von Klaus Kordon und Peter Schimmel

Die Grundidee für dieses Bilderbuch war aufregend und eingängig, und nicht nur Klaus Kordon und Peter Schimmel hatten sie. Als das vergangene Jahrhundert sich seinem Ende zuneigte, wurde sie von manchen Radiostationen oder Zeitungsrubriken verwirklicht: Es ging dabei um die Menschen im Lande, die das zwanzigste Jahrhundert fast komplett durchlebt haben. Geboren gegen Ende des neunzehnten Jahrhunderts, haben sie Kaiserreich und Weimarer Republik, Drittes Reich und zwei Weltkriege erlebt, die Teilung Deutschlands, den Aufbau der Bundesrepublik oder der DDR und schließlich die Wiedervereinigung. Dazu noch all die Veränderungen im Alltag. Ihr Leben wurde mehrfach komplett umgekrempelt, in großen und in kleinen Dingen. Vor Kindern ein solches Leben auszubreiten, also einen (fiktiven) Menschen unter diesen »Jahrhundert-Gestalten« auszuwählen und sein Leben von der Wiege bis zur Bahre an diesen Stationen entlang zu erzählen, ganz persönlich und an einen bestimmten Ort gebunden, das war eine zwingende Idee für ein Buchprojekt.

Eine neue Idee war es keineswegs; besonders für Klaus Kordon, den großen Geschichts-Geschichtenerzähler, war sie nicht neu. Seine umfangreichen Romanzyklen sind von ihr getragen. Aber ein Bilderbuch, das vom ganzen langen Leben eines Menschen erzählt, als wäre es so etwas wie ein Familienalbum in gezeichneter Form – das ist etwas Besonderes, weil es auch kleinere

Kinder für Geschichte interessieren kann. Wer unter den heutigen Erwachsenen Großeltern hatte, die gut erzählen konnten und es auch wollten, weiß, wie faszinierend es ist, etwas Persönliches »von früher« zu erfahren. »Erzähl mal was vom Krieg!« war für manche Kinder der Sechzigerjahre ein beliebter Auftakt zu instruktiven Berichten, in denen alles Platz hatte: Familienanekdoten und große Politik, Dramen, Gelächter, Traurigkeit und Nachdenken. Und es war wichtig, all diese Geschichten wieder und wieder zu hören.

Nun ist zum Glück die Zeit fast vorbei, in der kleine Kinder ihre Großeltern direkt nach dem Krieg und dem Leben davor ausfragen können. Die Zeitzeugen der umwälzenden Ereignisse der deutschen Geschichte sterben aus. Kinder der Sechzigerjahre konnten von ihren greisen Verwandten noch erfahren, wie es war, Kaiser Wilhelm II. auf der Straße mit Fähnchen zuzuwinken. Aber schon jetzt werden es immer weniger, die erzählen können, wie es in der Familie und in der Nachbarschaft zuging, als der Zweite Weltkrieg aus war. »Die Lisa«, diese 1899 geborene Berliner Göre, kann nun eine Art Ersatz-Ururoma sein, deren Leben man gespannt verfolgt und, weil es in einem Bilderbuch stattfindet, wieder und wieder betrachtet. Am besten zusammen mit älteren Leuten, denn Lisas Leben weckt Erinnerungen, und dann werden doch noch mehr Geschichten erzählt als ihre. Nicht nur aus diesem Grund ist es gut, dass der Text knapp gehalten ist.

Nicht dass Lisas Leben nicht ausreichte. Klaus Kordon hat sie an einen zentralen Ort platziert, in ein Berliner Gründerzeithaus in einer Straße, durch die später die Berliner Mauer gezogen wurde. Von dort aus erlebt sie alles mit: den Jubelabschied für die

Soldaten, die freudig in den Ersten Weltkrieg ziehen, aus dem ihr Vater nicht zurückkehren wird; die beschwingten Zwanzigerjahre mit ihren Tanzabenden; eine fröhliche Hochzeit in der Zwischenkriegszeit; dann wieder die kargeren Zeiten, die Arbeitslosigkeit ihres Mannes, den Aufstieg der Nazis und die Nacht, in der ihre Nachbarin Else, von Kind an Lisas Freundin, abtransportiert wird; später die Bombennächte und Amerikaner, die Kaugummis verteilen. Und das war erst die Hälfte – in einer Knappheit, die wir von Klaus Kordon sonst nicht gewöhnt sind, die aber ausgesprochen angenehm ist. Kordon hält sich hauptsächlich an die historischen Fakten, er reduziert die Geschichte Deutschlands sehr präzise auf das Wesentliche und gibt ihr einen Namen und ein persönliches Gesicht. Wir erfahren nicht viel über Lisas Charakter. Aber es wird deutlich, dass diese Vertreterin der »kleinen Leute« eine patente, vorurteilsfreie Frau ist, die das Herz auf dem rechten (also politisch eher linken) Fleck hat. Doch auch ihre Skepsis der DDR gegenüber wird klar thematisiert und begründet.

Peter Schimmel begleitet Lisas Leben mit Bildern, die deutlich über den Text dominieren und statt seiner in die Einzelheiten gehen. Dreimal erkennen wir am Rande, dass Lisas Straße umbenannt wird. Die Veränderungen an den Gebäuden, bei den Verkehrsmitteln und an der Kleidung sind eine Geschichte für sich; alleine die Phasen, die der Kolonialwarenladen Kohn an der Straßenecke durchläuft, sind ein eigenes Durchblättern des Buches wert. Die Illustrationen sind in einer vitalen, aber nicht unübersichtlichen Comic-Ästhetik gehalten. Einzig die starren, zum Teil schlecht proportionierten Gesichter der Figuren irritieren ein wenig. Im Grunde entsprechen sie aber der flüchtigen Charakterisierung durch Klaus Kordons Text. Peter Schimmel ist Sach- und Schulbuchillustrator – Detailtreue und sachliche Richtigkeit sind hier wichtiger und kommen seinen Bildern über Lisas deutsche Geschichte zugute. Atmosphäre strahlen seine gezeichneten Schnappschüsse trotzdem aus. Viel sagend sind sie, und der Text darunter macht genug, aber nicht zu viele Worte. So bringt »Die Lisa« ihre Vorleser dazu, selbst noch mehr zu erzählen.

Es gibt einige Versuche, Kindern die Zeitgeschichte im Bilderbuch nahe zu bringen. Besonders der Holocaust ist in den letzten Jahren auch ein Bilderbuchthema geworden, etwa in den Werken von Roberto Innocenti (»Rosa Weiss« und »Erikas Geschichte«). Aber auch die Zeit nach dem Krieg wird allmählich entdeckt. Etwa mit »Sommerzeit in Hosenfeld« von Hubert Schöke und Susanne Koppe (Moritz Verlag) – eine Art Familien-Ferien-Album der Siebzigerjahre, diesmal aber mit »echten« Fotos von realen Menschen.

Josef Schaf will auch einen Menschen von Kirsten Boie und Philip Waechter

Dies ist ein Bilderbuch, dessen Botschaft und Wirkung mehr als bei vielen anderen vom Alter seines Betrachters abhängt. Je nachdem, ob er noch sehr jung ist – etwa vier Jahre alt – oder schon etwas älter – ein Grundschulkind zum Beispiel –, wird er eine grundverschiedene Atmosphäre der Geschichte wahrnehmen. Das liegt an einer wunderbar ineinander greifenden Parallelaktion von Text und Bildern. Sowohl die Erzählerin Kirsten Boie als auch der Illustrator Philip Waechter verstehen es meisterhaft, die reinste Idylle heraufzubeschwören und diese Idylle zugleich für den, der es wahrnehmen will, von leisen dunklen Strömungen unterlaufen zu lassen. Vor allem bei »Josef Schaf will auch einen Menschen« ist ihnen das gemeinsam auf eine Weise geglückt, die man nur kongenial nennen kann. Denn Kirsten Boie und Philip Waechter haben auf je eigene Art eine ganz ähnliche Naivität der Ausdrucksweise entwickelt, die hier, wo sie zusammenwirken, eine umso größere Wirkung entfaltet. Das Ergebnis ist dann alles andere als naiv; aber diese Erkenntnis wird niemandem aufgedrängt.

Zunächst einmal arbeitet Kirsten Boie mit zwei bewährten Kunstgriffen des Erzählens für Kinder. Das ist erstens der Fabel-Trick, der Tiere wie Menschen handeln lässt und damit die Identifikation erleichtert. Josef Schaf ist ein kleines Schäfchen, das sprechen und denken kann. Die Vermenschlichung geht jedoch nicht so weit, dass die Tiere Kleider tragen oder in Häusern mit

Möbeln wohnen. Das machen Philip Waechters sattgrüne Wiesenbilder sofort deutlich. Wir sehen den kleinen Josef zwischen Bäumen bei seinen Eltern stehen, ein kleines weißes Lämmchen, das zu zwei behäbigen ausgewachsenen Schafen aufschaut. Mag die äußerliche Erscheinung auch auf den ersten Blick ganz natürlich für Schafe sein, so zeigt der erste Satz, dass diese Tiere miteinander umgehen wie wir: Josef Schaf bettelt bei seinen Eltern genauso inständig um einen eigenen »Hausmenschen« wie echte Kinder um einen eigenen Hund. In der Fabel bleiben die Tiere gewöhnlich unter sich, die Verhältnisse verschieben sich nur in eine andere Umgebung. Mit der Einbeziehung von Mini-Menschen in die Geschichte zeigt sich hier der zweite Kunstgriff: die verkehrte Welt. Die meisten Kinder lieben den Rollentausch, besonders, wenn damit auch Autoritäts- und Abhängigkeitsverhältnisse umgekehrt werden. Wenn ein Schäfchen, mit dem sich ein Kind identifiziert, hier nun aber plötzlich verspricht, für seinen Hausmenschen auch immer den Käfig sauber zu machen, ist damit eine lustvolle Irritation für das Kind verbunden. Diese Irritation ist umso stärker, und das Lustvolle an ihr ist umso mehr auch mit Schrecken vermischt, je älter das Kind ist und je mehr es nicht nur mit Josef Schaf, sondern auch mit den kleinen Menschen, die hier von den Tierkindern gehalten werden, mitfühlt.

Jüngere Leser werden hauptsächlich die Oberfläche der Geschichte wahrnehmen. Sie werden Philip Waechters sehr freundliche, vermeintlich harmonische Bilder genießen und mit Spannung verfolgen, wie Josef Schaf sich tatsächlich einen kleinen Mann erbettelt – er nennt ihn »Purzel« –, wie dieser Purzel eines Tages entwischt und nach vereinten Suchkräften der ganzen Tier-Nachbarschaft wieder aufgefunden wird. Ein friedliches

Schlussbild zeigt Tier und Mensch wieder vereint, schlafend unter einem blauen Sternenhimmel und einem großen gelben Mond. Alles wieder gut.

Alles wieder gut? Die älteren Leser werden mit Beklemmung auf die rote Leine schauen, die das idyllische Bild unübersehbar durchkreuzt und an der der Mann namens Purzel festgebunden ist. Auch, dass Josef Schaf im Schlaf zufrieden lächelt, während der Mund des Mannes ein kleiner, unmerklich abwärts weisender, verhärmter Strich ist, werden sie bemerken. Und mit diesem Bild vor Augen hören sich Kirsten Boies Worte, wenn sie Josef »Mein allerallerliebster Purzel« flüstern lässt, reichlich fragwürdig an. Frech und witzig sei das Buch, behauptet der Werbetext auf der Rückseite. Das stimmt, aber es ist noch mehr: In der Nachwirkung ist die Geschichte bitter. Alle Kinder werden sie genießen, aber einige werden zugleich verstehen, wie schrecklich es ist, gefangen gehalten zu werden. Diese Gleichzeitigkeit von Genuss und Schrecken bleibt ein wenig länger in den Gliedern stecken als der Witz und die Frechheit des Buches. Möglich, dass Kinder, die diese Überraschung erlebt haben, nachher ihre Haustiere mit anderen Augen ansehen, und echte Bilder von eingesperrten Menschen sowieso.

»Rosi in der Geisterbahn«, sein neuestes Bilderbuch, hat Philip Waechter nicht nur illustriert, sondern auch selbst geschrieben. Es ist eine freche und überraschende Geschichte über den produktiven Umgang mit Angst.

Die Briefe vom Weihnachtsmann
von J. R. R. Tolkien

Wenn ein Verleger einen guten Vorwand findet, einen Brief mit in ein Buch für Kinder zu kleben – einen richtigen, mit Umschlag und gefaltetem Briefbogen –, dann wird er diese Chance ergreifen, auch wenn die Herstellungskosten dadurch teurer werden. Denn Kinder (und andere Leute) lieben nun einmal echte Briefe, E-Mail hin und SMS her. Ein Brief ist immer eine Verheißung. Einen privaten Brief in Händen zu halten, ihn zu öffnen und das Blatt darin zu entfalten – das ist immer mit dem Gefühl des persönlichen Beschenktwerdens verknüpft: Ich bin gemeint, ich und niemand anderes. Dieser Zauber funktioniert selbst dann zuverlässig, wenn auch ein wenig abgeschwächt, wenn man weiß, dass der gleiche Brief in Tausenden von Büchern steckt, die von anderen geöffnet werden – bestes Beispiel sind die Bilderbücher um den Briefe schreibenden Reise-Hasen Felix, deren immenser Erfolg wohl überwiegend auf dem Brief-Trick beruht.

John Ronald Reuel Tolkiens »Briefe vom Weihnachtsmann« erzeugen eine ähnliche Sogwirkung, auch wenn sie nicht mit dem Brief-Trick arbeiten. Sie sind eher sein Gegenteil: Es sind Abschriften und Nachdrucke von echten Briefen, die nicht zur Veröffentlichung bestimmt waren, später aber doch allen Lesern zugänglich gemacht wurden. Ein Briefumschlag klebt nicht im Buch. Er hätte auch nie so schön sein können wie die Originale.

Deren äußerliche Verzierung, die gemalten Briefmarken, die Schrift und die vielen Bilder und Zeichnungen machen diese Weihnachtspost zu einer einzigartigen Sammlung. Vieles davon ist aber in der deutschen Ausgabe abgebildet und lässt etwas von der eigentlichen Pracht erahnen – genug jedenfalls, um Anregungen für eine eigene, innerfamiliäre Nachahmung des Projekts »Weihnachtsbriefe« zu entnehmen.

Tolkien, der Oxford-Literaturprofessor und Schöpfer der »Herr der Ringe«-Welt, war ein begeisterter Familienvater von vier Kindern. Sein Freund und Kollege Carl Sinclair Lewis nannte ihn einmal den »verheiratetesten Mann, den ich kenne«. Als sein ältester Sohn John drei Jahre alt war, fing die Sache mit den Briefen an. Der erste kam im Jahr 1920, der letzte zwanzig Jahre später. Durch ihre gesamte Kindheit hindurch erhielten die Tolkien-Kinder jedes Jahr zu Weihnachten Post vom Weihnachtsmann. Diese Briefe »wuchsen« mit dem Alter der Kinder; sie wurden nicht stetig länger, aber inhaltlich komplexer. Der erste Brief ist noch recht knapp und enthält vor allem ein Bild vom Weihnachtsmann und seinem hübschen kleinen Iglu-Haus am Nordpol. Noch kein Wort vom Nordpolarbär, der in den folgenden Briefen stets eine Hauptrolle spielen wird: als Partner, Helfer, Kaputtmacher, Clown und ganz allgemein als »anstrengendes Kind« im Bärenformat. Schon im nächsten Brief, der in der deutschen Ausgabe abgedruckt ist, aus dem Jahr 1925, ist das hübsche weiße Iglu-Haus zerstört, nicht ohne maßgebliche Beteiligung des Polarbärs, der wieder einmal »nur helfen« wollte. Das Unglück gibt dem Weihnachtsmann Gelegenheit, ein neues, viel prächtigeres Haus auf dem hohen Eisfelsen neben dem Nordpol zu errichten – und seinem ornamentbegeisterten Berichterstatter

Tolkien, entsprechend prächtige Illustrationen von hohen Sälen, geschmückten Säulen und einer herrschaftlichen Freitreppe beizufügen.

Offensichtlich hat sich Tolkien bei diesen privaten Weihnachtsbriefen entspannt. Wir erleben ihn liebenswürdiger und gelöster als in seinen anderen Werken, und es ist auch nicht der große Weltenplan erkennbar, der sonst seine Romane grundiert. Hier liegt die besondere Qualität dieser Briefe: in ihrer Beiläufigkeit. Mit ihren Berichten vom Wetter, von den Haushaltsverhältnissen und den Befindlichkeiten der Nordpolbewohner wirken sie absichtslos, sachlich, ganz aus dem Moment heraus geschrieben von jemandem, der sich um die Aufmerksamkeit seiner Leser nicht bemühen muss. Immerhin ist er der Weihnachtsmann. Immer wieder einmal erwähnt er die Last der vielen Päckchen und auch auf den Bildern sind Geschenkestapel zu sehen. Das ist verheißungsvoll, aber nicht auf die zuckrige, raunende Art, in der andere Weihnachtsgeschichten von Geschenken sprechen. Niemals sind diese Päckchen die Hauptsache; in der Regel werden sie nur in Zusammenhang mit Ereignissen erwähnt, in deren Verlauf das eine oder andere von ihnen zerdrückt, beschädigt oder ganz verloren gegangen ist. In diesen Schadensmeldungen spiegeln sich auch Zeichen der Zeit – das Geld war zeitweise knapp, und Spielsachen gab es, als der Krieg sich ankündigte, nicht mehr viele.

Die Missgeschicke, die den Geschenkesegen reduzieren, liefern den Stoff für eines der beiden Hauptthemen der Briefe. Meist ist der Polarbär schuld; der Weihnachtsmann wird nicht müde, selbstgerecht darauf hinzuweisen. In den letzten Briefen wehrt sich der Bär mit beleidigten Kommentaren in abenteuerlicher

Orthografie. Einmal steuert er auch ein ungelenk gemaltes Bild bei. Zusammen mit den Berichten des Elfen Ilbereth, der später als Sekretär zum Haushalt des Weihnachtsmannes stößt, ergibt sich somit ein Stilmix, der genauso abwechslungsreich ist wie die Bebilderung. Tolkiens Detailfreude bei der Beschreibung der kleinen Querelen zeigt, wie gut er über Kinder Bescheid weiß: hämisch und schadenfroh zu sein, aufzutrumpfen, wenn man Recht hat und mächtig damit anzugeben – all das gesteht er den Nordpolbewohnern zu. Dass sie einander herzlich schätzen und, wenn es darauf ankommt, eng zusammenhalten, ist ebenso selbstverständlich.

Wie sehr es auf diesen Zusammenhalt ankommt, davon erzählen die Briefe in dem Teil, in dem es nicht nur um kleinere Querelen geht. Im Jahr 1935 hören die kleinen schwarzen Kobolde auf, eine lästige Plage zu sein, sondern werden bedrohlich: »Es werden überall auf der Welt immer mehr. Ein ganz böses Zeichen.« Uneins sind sich Weihnachtsmann und Polarbär nun höchstens über die Menge der Kobolde, die der Polarbär tötete (»... er hat ja eine Vorliebe für große Zahlen ...«). Es ist ein Krieg im Gange am Nordpol, ein ferner kindlicher Schatten, den der Zweite Weltkrieg vorauswirft. Tolkien lässt Scharen von roten Zwergen gegen die schwarzen Kobolde antreten, sein Weihnachtsmann gibt die Hoffnung nicht auf. Aber die Melancholie der letzten Briefe ist deutlich, auch in manchen leuchtenden Bildern ist sie unübersehbar. Der Abschiedsbrief aus dem Jahr 1940 erinnert ein wenig an die letzten Worte, die in A. A. Milnes »Pu der Bär« zwischen Christopher Robin und Pu gewechselt werden: Es ist ein Abschied von der Kindheit.

Inhalt

Bibliographie der 50 Titel, alphabetisch nach Autoren

Kate Banks / Georg Hallensleben: »Nachts auf der Baustelle«. Aus dem Amerikanischen von Susanne Koppe. Moritz Verlag, Frankfurt 2003. (S. 43)

Hans de Beer: »Kleiner Eisbär, wohin fährst du?« Aus dem Niederländischen von Brigitte Hanhart. Nord-Süd Verlag, Hamburg 1987. Auch bei DTV lieferbar. (S. 51)

Rotraut Susanne Berner: »Das Frühlings-Wimmelbuch«. Gerstenberg Verlag, Hildesheim 2004. (S. 27)

Rotraut Susanne Berner: »Karlchen geht einkaufen«. Hanser Verlag, München 2002. (S. 55)

Kirsten Boie / Jutta Bauer: »Juli der Finder«. Verlag Beltz & Gelberg, Weinheim 1993. (S. 197)

Kirsten Boie / Philip Waechter: »Josef Schaf will auch einen Menschen«. Oetinger Verlag, Hamburg 2002. (S. 216)

Quint Buchholz: »Schlaf gut, kleiner Bär«. Sauerländer Verlag, Düsseldorf 1993. (S. 81)

Nadia Budde: »Eins zwei drei Tier«. Peter Hammer Verlag, Wuppertal 1999. (S. 36)

John Burningham: »Hansi Schlumfenbergers Weihnachtsgeschenk«. Aus dem Englischen von Rolf Inhauser. Sauerländer Verlag, Frankfurt am Main 1994, derzeit vergriffen. (S. 100)

Wilhelm Busch: »Max und Moritz«. Erstmals 1865 erschienen. Es sind viele verschiedene Ausgaben lieferbar, etwa im Esslinger Verlag Schreiber, Esslingen. (S. 124)

Eric Carle: »Die kleine Raupe Nimmersatt«. Aus dem Amerikanischen von Viktor Christen. Gerstenberg Verlag, Hildesheim 1969. (S. 32)

Chen Jianghong: »Der Tigerprinz«. Aus dem Französischen von Erika und Karl A. Klewer. Moritz Verlag, Frankfurt am Main 2005. (S. 175)

Julia Donaldson / Axel Scheffler: »Der Grüffelo«. Aus dem Englischen von Monika Osberghaus. Verlag Beltz & Gelberg, Weinheim 1999. (S. 128)

Ian Falconer: »Olivia und das verlorene Kuscheltier«. Aus dem Amerikanischen von Monika Osberghaus. Oetinger Verlag, Hamburg 2004. (S. 68)

Nikolaus Heidelbach: »Was machen die Jungs?« Verlag Beltz & Gelberg, Weinheim 1999. (S. 186)

Helme Heine: »Freunde«. Middelhauve Verlag, Köln 1982. Jetzt bei Beltz & Gelberg lieferbar. (S. 60)

Heinrich Hoffmann: »Der Struwwelpeter«. Erstmals 1845 erschienen. Es sind viele verschiedene Ausgaben lieferbar. Die Taschenbuchausgabe von Diogenes folgt der 100. Auflage von 1876. (S. 119)

Werner Holzwarth / Wolf Erlbruch: »Vom Maulwurf, der wissen wollte, wer ihm auf den Kopf gemacht hat«. Peter Hammer Verlag, Wuppertal 1989. (S. 72)

Ernst Jandl / Norman Junge: »Fünfter sein«. Verlag Beltz & Gelberg, Weinheim 1997. (S. 85)

Janosch: »Oh, wie schön ist Panama«. Verlag Beltz & Gelberg, Weinheim 1978. (S. 169)

Mathias Jeschke / Katja Gehrmann: »Die Geschichte vom Lastkran, der eine Schiffssirene sein wollte«. NP Verlag Niederösterreichische Presse, St. Pölten 2005. (S. 202)

Klaus Kordon / Peter Schimmel: »Die Lisa«. Verlag Beltz & Gelberg, Weinheim 2002. (S. 212)

James Krüss / Lisl Stich: »Henriette Bimmelbahn«. Erstmals 1963 im Boje Verlag erschienen. Derzeit bei DTV lieferbar. (S. 47)

Irma Lauridsen / Jens Ahlbom: »Der Hund, der groß und gefährlich werden sollte«. Aus dem Dänischen von Anu Stohner. Carlsen Verlag, Hamburg 1996. Vergriffen. (S. 108)

Pija Lindenbaum: »Franziska und die Wölfe«. Aus dem Schwedischen von Birgitta Kicherer. Moritz Verlag, Frankfurt am Main 2002. (S. 160)

Barbro Lindgren-Enskog / Eva Eriksson: »Max und die Wanne«. Aus dem Schwedischen von Angelika Kutsch. Oetinger Verlag, Hamburg 1983. (S. 15)

Leo Lionni: »Frederick«. Aus dem Amerikanischen von Günter Bruno Fuchs. Middelhauve Verlag, Köln 1967. Jetzt bei Beltz & Gelberg lieferbar. (S. 132)

Tilde Michels / Reinhard Michl: »Es klopft bei Wanja in der Nacht«. Ellermann Verlag, Hamburg 1985. (S. 115)

Ali Mitgutsch: »Das große Piraten-Wimmelbuch«. Otto Maier Verlag, Ravensburg 2004. (S. 24)

Nadja: »Blauer Hund«. Aus dem Französischen von Eva Ziebura. Moritz Verlag, Frankfurt am Main 1994. (S. 152)

Sven Nordqvist: »Eine Geburtstagstorte für die Katze«. Aus dem Schwedischen von Angelika Kutsch. Oetinger Verlag, Hamburg 1984. (S. 206)

Sergej Prokofjew / Frans Haacken: »Peter und der Wolf«. Aus dem Russischen von Lieselotte Remané. Verlag Beltz & Gelberg, Weinheim 1958. (S. 156)

Peggy Rathmann: »Noch zehn Minuten, dann ab ins

Bett!« Aus dem Amerikanischen von Nicola T. Stuart. Gerstenberg Verlag, Hildesheim 2003. (S. 76)

Michael Rosen / Helen Oxenbury: »Wir gehen auf Bärenjagd«. Aus dem Englischen von Rolf Inhauser. Sauerländer Verlag, Düsseldorf 1990. (S. 104)

Peter Schössow: »Gehört das so??!« Hanser Verlag, München 2005. (S. 147)

Ingrid und Dieter Schubert: »Murkel ist wieder da!« Sauerländer Verlag, Düsseldorf 1987. (S. 64)

Hermann Schulz / Wiebke Oeser: »Sein erster Fisch«. Peter Hammer Verlag, Wuppertal 2000. (S. 144)

Maurice Sendak: »Wo die wilden Kerle wohnen«. Aus dem Amerikanischen von Claudia Schmölders. Diogenes Verlag, Zürich 1967. (S. 95)

Grégoire Solotareff / Alain Le Saux: »Das kleine Museum«. Moritz Verlag, Frankfurt am Main 1994. (S. 39)

Helmut Spanner: »Erste Bilder, erste Wörter«. Otto Maier Verlag, Ravensburg 1993. (S. 11)

William Steig: »Doktor de Soto«. Aus dem Amerikanischen von Elmar Kreihe. Gerstenberg Verlag, Hildesheim 1992. (S. 111)

Theodor Storm / Else Wenz-Viëtor: »Der kleine Häwelmann«. In der vorliegenden Form erstmals 1926 erschienen. Einen Reprint gibt es beim Lappan Verlag, Oldenburg 1984. (S. 180)

Anna-Clara Tidholm: »Klopf an!« Aus dem Schwedischen von Anu Stohner. Hanser Verlag, München 1993. (S. 18)

J. R. R. Tolkien: »Die Briefe vom Weihnachtsmann«. Herausgegeben von Baillie Tolkien. Aus dem Englischen von Anja

Hegemann. Es gibt eine Ullstein-Taschenbuch-Ausgabe von 1988. Viel schöner und empfehlenswerter ist aber die 2005 erschienene erweiterte Neuausgabe im Verlag Klett-Cotta, Stuttgart. (S. 219)

Tomi Ungerer: »Die drei Räuber«. Lentz Verlag, München 1961. Jetzt beim Diogenes Verlag lieferbar. (S. 90)

Anaïs Vaugelade: »Steinsuppe«. Aus dem Französischen von Tobias Scheffel. Moritz Verlag, Frankfurt am Main 2000. (S. 165)

Max Velthuijs: »Frosch hat Angst«. Aus dem Niederländischen von Brigitte Fleissner. Lentz Verlag, München 1994. Vergriffen. (S. 136)

Friedrich Karl Waechter: »Der rote Wolf«. Diogenes Verlag, Zürich 1998. (S. 191)

Dieter Wiesmüller: »Pernix«. Sauerländer Verlag, Frankfurt 1992. 2004 im Carlsen Verlag neu aufgelegt. (S. 139)

Thomas Winding / Ole Könnecke: »›Seht mal!‹, sagt der kleine Bär«. Aus dem Dänischen von Anu und Nina Stohner. Verlag Beltz & Gelberg, Weinheim 1999. (S. 21)

Wir danken allen Verlagen, die diese Publikation durch Abdruckgenehmigungen unterstützt haben.

Illustratorenverzeichnis

Monika Osberghaus
»Was soll ich denn lesen?«
50 beste Kinderbücher

ISBN 3-423-**62151**-6

Kinder sollen lesen – nicht erst seit der Pisa-Studie. Wenn man nur immer wüsste, was das »richtige« Buch für welches Kind ist. Ein Leitfaden für Eltern, Lehrer, aber auch Kinder, die schon selber lesen können, ist dieses Buch. Es unternimmt auf unterhaltsame Weise einen Streifzug durch die besten und beliebtesten alten und neuen Kinderbücher, nach dem Motto: »Dieses Buch sollte man auf keinen Fall verpassen.«

Michael Bond
Paddington schafft das schon
Mit Illustrationen von
Peggy Fortnum

Reihe Hanser dtv 62091

In diesem Band sind sie versammelt, die besten Geschichten von dem liebenswerten kleinen Bären aus dem finstersten Peru, dessen Talent, Katastrophen anzuziehen, schon Legende ist. Doch seine Abenteuer besteht er mit so viel Charme, dass niemand ihm ernstlich böse sein könnte. Zur Freude all seiner Leser!

Jackie Niebisch

Die kleinen Wilden

ISBN 3-423-**62161**-3

Jeden Morgen ziehen die kleinen Wilden aus, um das große Mammut zu erlegen. Und jeden Morgen ermahnen die Eltern sie, das arme Tier in Ruhe zu lassen, andernfalls müssten sie vor dem Höhleneingang schlafen. Jeden Abend liegen die kleinen Wilden vor der Höhle. Doch diese allabendliche Strafe lohnt sich für die Abenteuer, die sie tagsüber erleben …

Herbert Günther
Mach's gut, Lucia!
Ein Geschichtenbuch über Kinder der Welt
Mit Illustrationen von Ute Martens

ISBN 3-423-**62255**-5

Fast täglich berichten Fernsehen, Radio und Zeitung von Kindern, die in völlig anderen Verhältnissen leben als Kinder in Deutschland. Aber was steckt hinter den Schlagzeilen? Herbert Günthers Geschichten basieren auf realen Begebenheiten und wenden sich gegen die Gleichgültigkeit gegenüber der Not von Kindern. Sie regen an, nachzufragen, ob das denn wirklich so weitergehen muss.